Fliesen legen – Wand und Boden

BELLAVISTA

Peter-Michael Stange

Fliesen legen – Wand und Boden

Der praktische Ratgeber für alle Heimwerker

BELLAVISTA

www.karl-mueller-verlag.de

Redaktion, Satz und Layout: REDAKTION SELBERMACHEN,
JAHRESZEITEN VERLAG GMBH, Hamburg
Projekt-Koordination: INTERPILL MEDIA GmbH, Hamburg

Hinweis
Das vorliegende Buch ist sorgfältig erarbeitet worden.
Dennoch erfolgen alle Angaben ohne Gewähr. Autoren und Verlag bzw. dessen Beauftragte können für eventuelle Personen-, Sach- oder Vermögensschäden keine Haftung übernehmen.

Druck und Bindung: Slovenská Grafia, a.s.
Printed in Slovakia

ISBN: 3-89893-706-2

Inhalt

Mit Fliesen und Platten

Die Sonne bringt den natürlichen, warmen Farbton der Cotto-Platten in diesem Wintergarten voll zu Geltung.

Fliesen, Platten und Natursteinplatten können in vielen Bereichen des Hauses als gestalterisches Element eingesetzt werden. Durch die Vielfalt der Formen, Farben und Oberflächen werden sie jedem Raum und jedem Anspruch gerecht.

Räume individuell gestalten

Der Balkon wird im Sommer gern als zweites Wohnzimmer genutzt. Fliesenboden ist wohnlich und praktisch zugleich .

Rutschhemmend, dauerhaft und frostsicher ist die mit roten Steinzeugplatten und Stufenprofilen belegte Treppe.

In der Garage zeigen sich alle Vorteile der Fliesen. Sie sind belastbar, langlebig und sehr einfach sauberzuhalten.

Nicht nur in Bad und Küche

Keramische Wand- und Bodenbeläge werden heute in einer fast grenzenlosen Vielfalt an Formen, Farben und Oberflächen angeboten. Darin liegt allerdings die Gefahr, sich bei der Auswahl der Fliesen allzusehr von augenblicklicher Mode oder dem Aussehen der einzelnen Fliese leiten zu lassen. Da ein Fliesenbelag sehr langlebig ist, ist es leider auch die Fehlentscheidung, die man bei der Wahl der Fliese ohne Überlegung treffen kann. Eine verflieste Fläche ist immer Bestandteil eines Raums. Das Bad z. B. wirkt durch die Sanitärelemente und Armaturen bereits sehr unruhig, die Flächen sind häufig nicht sehr groß. Auch in der Küche hat das Auge durch die Einrichtung und Utensilien schon so viel wahrzunehmen, daß eher zu einer ruhigen Fliesenfläche zu raten ist. Im Wohnzimmer werden Möbel einer bestimmten Stilrichtung stehen, die mit dem Fußboden harmonieren sollten.
Das Format der Fliese kann einem Raum eine bestimmte Richtung geben, ungünstige Raummaße können optisch ausgeglichen werden. Allerdings kann auch das Gegenteil eintreten, wenn man bei der Planung die Abmessungen und die optische Wirkung des Raums nicht berücksichtigt. Neutral zur Raumdimension verhalten sich quadratische Fliesen. Das Licht in einem Raum spielt eine Rolle. Die Farben wirken unterschiedlich bei Tages- oder Kunstlicht. Eine glänzende Oberfläche wirkt vollkommen anders als eine matte.

1

3

1 *Das Badezimmer ist seit jeher die Domäne der Fliesen.* **2** *Durch die polierte Oberfläche wirken die Steinzeugfliesen in der Küche wie Granit.* **3** *Großzügig wirkt der Eingangsbereich durch die quadratischen, hellen Fliesen.*

allen Bereichen des Hauses

2

4

5

6

4 *Farbton und Struktur des Marmors am Fußboden setzen sich in den rechteckigen Wandfliesen des Bads fort.* **5** *Die umlaufende Reliefbordüre lockert die Fliesenflächen im Badezimmer auf.* **6** *Ein heller, großformatiger Fliesenbelag mit breiten Fugen gliedert den Boden dieses Wintergartens.*

Die technische

Nicht nur die Fliesen, sondern auch die Verlegematerialien müssen für definierte Verwendungen bestimmte Eigenschaften aufweisen, um genauso langlebig zu sein wie die verlegten Fliesen. Hier wird die Druckbelastung eines Mörtels nach ca. 30 Tagen Aushärtung geprüft. Die Kleberstege müssen einem bestimmten Druck standhalten.

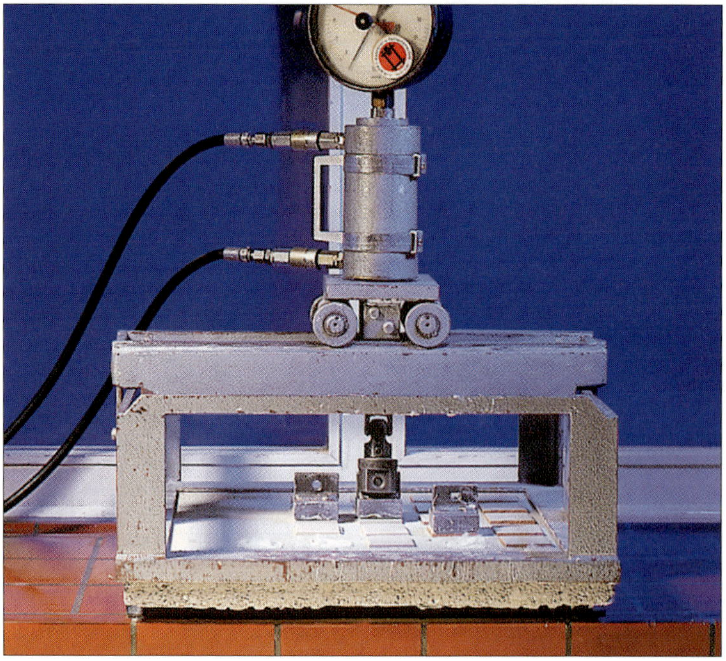

Die Zugbelastung spielt in einigen Bereichen eine wesentliche Rolle, z. B. beim Garagenboden, auf dem der Wagen abgebremst wird. An dieser Stelle wird die Zugbelastung geprüft. Ein Winkeleisen wird auf eine Fliese geklebt und mit dem Schlitten des Meßgerätes verbunden. Das Gerät übt seitlichen Zug auf die Fliese aus.

Seite der Fliesen und Platten

Oberflächlich betrachtet sind alle Fliesen und Platten hart und glatt. Die Art der Herstellung entscheidet über ihre Eignung für bestimmte Flächen.

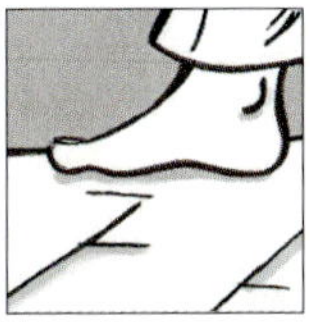

Belastungsgruppe 1:
Sehr geringe Beanspruchung. Fliesen dürfen keiner kratzenden Belastung ausgesetzt sein. Einsatz als Wandfliese und im Schlafzimmer.

Belastungsgruppe 2:
Die Fliesen vertragen leicht kratzende Belastung. Als Wandfliese und für nicht häufig begangene Räume, z. B. Bäder, geeignet.

Belastungsgruppe 3:
Diese Fliesen dürfen normal belastet werden. Sie können im gesamten Wohnbereich, in Fluren und Dielen sowie in der Küche verlegt werden.

Belastungsgruppe 4:
Diese Fliesen sind für starke Beanspruchung konzipiert und können in Eingangsbereichen, Garagen, auf Treppen und Terrassen liegen.

Leider kann man Fliesen und Platten nicht nur nach ihrem schönen Äußeren aussuchen. Für bestimmte Flächen und Beanspruchungen werden auch genau definierte Eigenschaften von der Fliese erwartet.
Die Prüfung der Maßhaltigkeit untersucht die gleichbleibende oder zumindest annähernd gleiche Dicke, Länge und Breite der Fliesen. Die Kanten und die Rechtwinkligkeit werden ebenso geprüft. Große Abweichungen können das Gesamtbild einer verfliesten Fläche im Wohnbereich empfindlich stören, besonders wenn die Fugen sehr schmal gehalten sind.
Die Biegefestigkeit einer Fliese ist besonders wichtig, wenn sie im Bodenbereich verlegt wird. Beim Verlegen werden Fliesen durch das Anklopfen mit dem Gummihammer auch auf Biegung beansprucht.
Die Ritzhärte der Oberfläche ist auch ein Punkt, der hauptsächlich bei der Verlegung am Boden relevant ist. Glasierte Oberflächen werden auf ihre Ritzhärte geprüft. Bei unglasierten Steinzeugfliesen wird der Tiefenverschleiß geprüft, da sie keine eigentliche Oberflächenbeschichtung haben.
Die Prüfung der Wasseraufnahme sagt gleichzeitig etwas über die Festigkeit sowie die Frost- und Säurebeständigkeit aus. Steinzeugfliesen und -platten sind aufgrund ihrer hohen Dichte frostbeständig, also auch für die Anwendung im Außenbereich geeignet.
Es werden hier nur einige der vielen Prüfkriterien genannt. Beim Kauf der Fliesen muß man jedoch nicht jeden einzelnen Punkt hinterfragen. Der Hersteller hat die Eignung für eine bestimmte Belastungsgruppe auf der Verpackung oder in den Katalogen in den meisten Fällen ausgewiesen, oder der Verkäufer informiert.
Ebenso findet man auf der Verpackung Hinweise über die Sortierung. Die 1. Sortierung ist auf der Verpackung rot gekennzeichnet. Eine blaue Farbmarkierung trägt die 2. Sorte und eine grüne die 3. Sorte.
Es ist wichtig zu wissen, daß grundlegende Produktanforderungen der 1. Sorte, wie z. B. geringer Tiefenverschleiß und Frostsicherheit, auch von den anderen Sortierungen erfüllt werden müssen. Es kann also interessant sein, nach einer 3. Sortierung zu fragen, wenn Fliesen im Keller oder in der Garage verlegt werden sollen.

Herstellung der Fliesen und Spaltplatten

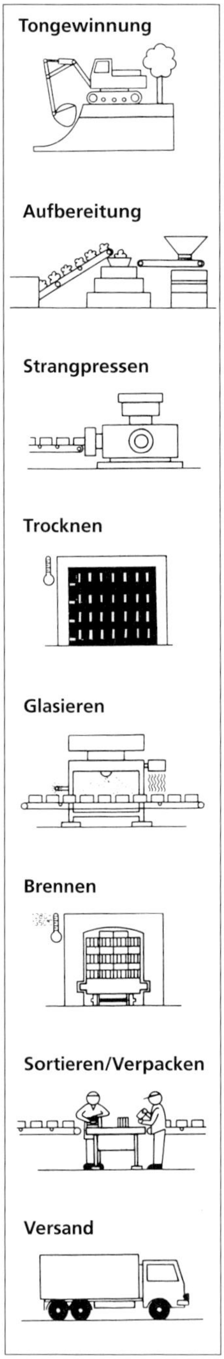

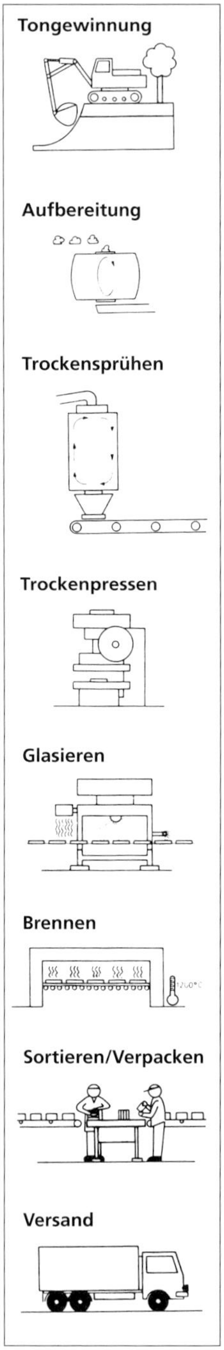

Vom Ton zum Scherben

Am Anfang der Fliesenherstellung steht die Tongewinnung. Der natürlich vorkommende Ton hat meistens nicht die Zusammensetzung, die für die Fertigung und das Produkt wünschenswert wäre. Der Ton wird mit Beimengungen, dem sogenannten Masseversatz, aufbereitet. Beigemengt werden z. B. Quarzsand, Feldspat oder Schamotte. Es werden auch unterschiedliche Tonsorten gemischt.

Bei der Herstellung von Spaltplatten (links) wird diese Masse stranggepreßt, meistens als Doppelplatten, die mit parallelen Stegprofilen zusammenhängen. Von diesem Strang werden die Platten abgeschnitten. Nach dem Trocknen im Tunnelofen werden die Platten glasiert und danach bei 1200° C gebrannt. Nach dem Brennen werden die Platten maschinell gespalten, daher der Name der Spaltplatten.

Steinzeugfliesen (rechts) werden aus einer pulverförmigen, feinkörnigen Masse mit hohem Druck in Formen gepreßt. Die Masse wird also vor dem Formen getrocknet. Nach dem Trockenpressen werden die Fliesen glasiert und dann bei 1200° C gebrannt. Steinzeugfliesen werden glasiert oder unglasiert hergestellt. Ihr Scherben, das ist die unglasierte Fliese, kann hell oder farbig sein.

Steingutfliesen werden bei einer niedrigeren Temperatur, ca. 850 bis 1000° C, gebrannt und haben eine höhere Wasseraufnahme und eine geringere Festigkeit. Sie werden nur glasiert geliefert und sind für frostsichere Verlegung nicht geeignet.

Der letzte Arbeitsgang ist das Sortieren in drei Sorten, wobei die 2. Sorte leichte Farb-, Kanten- und Oberflächenfehler haben kann; die 3. Sorte darf auch von der Norm abweichende Maßtoleranzen haben.

Ornamente und einfache

Linien – Fliesenschaufenster

Wenn man alte Fliesenbilder in Museen betrachtet, ist man immer wieder erstaunt über die farbliche Brillanz dieses jahrtausendealten Wandschmucks.

Die Fliese hat immer wieder die Phantasie der Künstler und Handwerker in besonderer Weise angeregt. Die Vielfalt der Formen und Farben setzte der Kreativität kaum Grenzen. Der Nachteil der kleinformatigen Aufteilung wurde in den Mosaiken zur eigenständigen Kunst.
Es ist nicht erstaunlich, daß so gegensätzliche Baustile wie der Jugendstil mit seiner floralen Ornamentik und der eher gradlinig-funktionale Bauhausstil die keramischen Wand- und Bodenbeläge als Gestaltungselement eingesetzt haben.
Selbst dort, wo die Fliese aus praktischen Erwägungen verwendet wird, haben Architekten und Bauherren die ästhetische Seite dieses Baustoffs immer anerkannt.

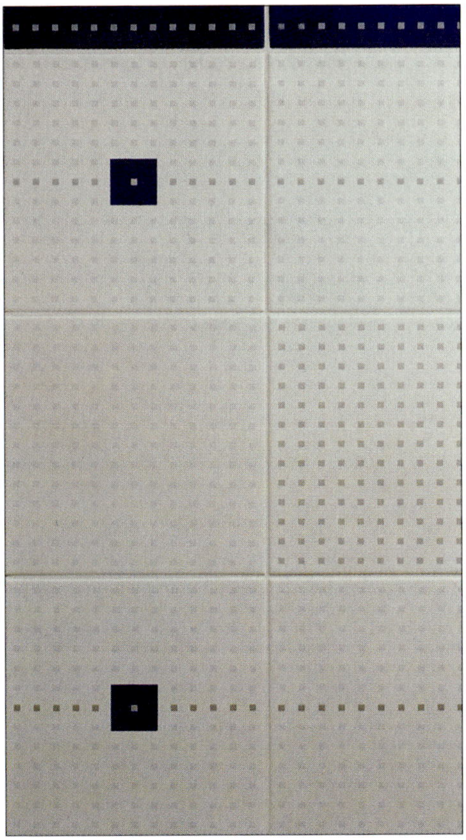

Der Baukasten für kreative Flächengestaltung

Im Fliesenschaufenster können die vielen Möglichkeiten der Farb- und Formvarianten nur kurz angeschnitten werden. Ein um eine einfarbige Fläche laufender Fries kann wie ein Bild wirken. Ausschnittfliesen können durch Küche, Flur und Bad einheitlich verlegt werden und jedem Raum durch unterschiedliche Einleger seinen eigenen Farbakzent geben. Ornamentfliesen werden auf großen Flächen eingesetzt, ohne die angrenzenden kleineren Flächen zu beunruhigen. Fliesen unterschiedlicher Größe, Formate und Farben werden zu mosaikartigen Collagen zusammengesetzt. Die Hersteller greifen auch bei modernen Fliesen immer wieder auf traditionelle Ornamente und Muster zurück.

Kleines Lexikon der Fliesen-

Abrutschen

Ein Prüfkriterium für Fliesenkleber. An senkrechten Flächen wird gemessen, wieviel mm der Kleber durch das Gewicht der Fliese rutscht. Die Prüfung ist bestanden, wenn keine Fliese mehr als 0,5 mm abrutscht.

Anmischen oder Anmachen

Der Arbeitsgang der Materialvorbereitung. Trockenmörtel müssen vor der Verarbeitung mit sauberem Wasser knotenfrei angerührt werden. Das geht am besten mit einer kräftigen Bohrmaschine und einem Rührquirl bei niedriger Drehzahl, denn nur so läßt sich eine vollkommen homogene Masse erzeugen.

Aufbruch

Ein Prüfkriterium für Fliesenkleber. Beschrieben wird die Fähigkeit einer aufgekämmten Klebstoffschicht zur plastischen Verformung. Der Fliesenkleber wird aufgekämmt, eine Glasplatte aufgelegt und belastet. Anschließend wird gemessen, wieviel Kleber auf der Kontaktfläche zwischen Glasplatte und Kleber vorhanden ist. Der Aufbruch (Kontaktfläche) muß mindestens 65 % betragen.

Aufkämmen

Bezeichnet den Arbeitsgang des Durchziehens des Fliesenklebers auf dem Untergrund mit dem Zahn- oder Kammspachtel. Die Zahnung des Spachtels hängt von Größe und Struktur der zu verarbeitenden Fliesen ab.

Bewegungsfugen

Fugen, die konstruktionsbedingte Spannungen zwischen festen Bauteilen ausgleichen. Sie werden dauerelastisch abgedichtet. Bewegungsfugen, die bereits im Untergrund vorgegeben sind, müssen grundsätzlich bis zur Oberfläche der Bekleidung durchgeführt werden, da es sonst zu Rißbildungen in der Oberfläche kommen kann.

Butteringfloatingverfahren

Siehe „kombiniertes Verfahren".

Butteringverfahren

Arbeitsmethode bei der Dünnbettverlegung. Der Fliesenkleber wird auf die Rückseite der Fliese und nicht auf dem zu verfliesenden Untergrund aufgetragen. Sockelfliesen werden z. B. im Butteringverfahren angesetzt.

Dehnungsfugen

Siehe „Bewegungsfugen".

Dickbettverlegung

Das Dickbettverfahren ist die älteste Technik zum Verlegen von Fliesen. Jede Fliese wird einzeln mit Mörtel versehen, die Mörtelschicht beträgt 15 bis 20 mm, z. B. bei der Natursteinverlegung. Damit können auch größere Wandunebenheiten an z. B. unverputzten Wänden ausgeglichen werden.

Dispersionskleber

Gebrauchsfertige Klebstoffe aus Kunststoffen. Die Erhärtung verläuft durch Wasserabgabe/Luftzufuhr.

Dünnbettverlegung

Das Dünnbettverfahren ist heute die gebräuchlichste Technik zum Verlegen von Fliesen. Der Kleber wird dünnschichtig auf den Untergrund oder die Fliese aufgetragen. Die Untergründe müssen absolut eben sein.

Durchkämmen

Siehe „Aufkämmen".

Einschlämmen

Allgemein die Oberflächenabdichtung mit Schlämmen, hier der Arbeitsgang des Verfugens. Zur Verfugung wird weicher, flüssiger Mörtel mit dem Gummirakel verarbeitet.

Emulsion

Zementgebundene Fliesenkleber können durch den Zusatz einer Emulsion vergütet werden, z. B. für die Fliesenverlegung auf Fußbodenheizungen oder im Außenbereich. Zum Grundieren wird die Emulsion auf den zu verfliesenden Untergrund aufgetragen.

Estrich

Bodenbelag, meist auf Zement-, Anhydrit-, Gußasphalt- oder Asphalt-/Bitumenbasis mit einer ebenen, glatten und fugenlosen Oberfläche. Es werden schwimmende Estriche oder Verbundestriche unterschieden.

Verlegetechnik

Floatingverfahren

Arbeitsverfahren bei der Dünnbettverlegung, bei der der Fliesenkleber auf den Untergrund aufgetragen wird. Mosaike, gleichmäßig dünne Steingut- oder Steinzeugfliesen werden im Floatingverfahren verklebt.

Grundieren

Vorbehandlung des zu verfliesenden Untergrundes mit einer Emulsion oder einem anderen Mörtel, um je nach Untergrund z. B. Haftung und Elastizität zu verbessern, die Saugfähigkeit zu vermindern oder den Untergrund zu verfestigen.

Hautbildung

Ein Prüfkriterium von Fliesenklebern bezüglich der Zeit zwischen Aufkämmen und Beginn der Erhärtung. Danach läßt die Haftfähigkeit der aufgekämmten Schicht nach. Die Prüfung ist bestanden, wenn die Hautbildung frühestens nach 10 Minuten eintritt.

Homogen

Homogen bedeutet gleichartig, einheitlich. Ein Mörtel ist homogen, wenn das Material gründlich durchgerührt ist und sich gleichmäßig verarbeiten läßt.

Hydraulisch erhärteter Mörtel

Trockenmörtel zum Ansetzen und Verlegen von keramischen Fliesen und Platten. Als Bindemittel wird Zement eingesetzt. Erst nach Wasserzugabe können die Mörtel erhärten.

Kombiniertes Verfahren

Das kombinierte Butteringfloatingverfahren ist eine spezielle Verlegetechnik. Der Kleber wird sowohl auf die Wand als auch auf die Fliesenrückseite aufgetragen. Durch dieses Verfahren erreicht man eine 100%ige Verbindung zwischen Untergrund und Fliese. Deshalb kommt diese Technik auch besonders im Dauernaßbereich sowie bei stark profilierten Fliesenrückseiten zum Einsatz.

Korrigierzeit

Prüfkriterium von Fliesenklebern. Hier wird die Zeitspanne gemessen, in der die Lage der Fliese korrigiert werden kann, ohne daß sich die Hafteigenschaften verändern.

Mittelbettverlegung

Eine Verfahrenstechnik, die sich aus Dickbett- und Dünnbettverfahren entwickelt hat. Der Kleber wird zwischen 5 und 15 mm mit einem groben Zahnspachtel aufgetragen. Kleine Unebenheiten lassen sich so ausgleichen.

Offene Zeit

Diese Produkteigenschaft bezeichnet den Zeitraum zwischen dem Materialauftrag und der Hautbildung des Materials. Es darf nur so viel Material auf den zu verfliesenden Untergrund aufgetragen werden, wie in der offenen Zeit verarbeitet werden kann.

Reifezeit

Der Zeitraum, den einige Materialien zwischen Anmischen und Verarbeiten ruhen müssen, um die definierten Produkteigenschaften zu erhalten.

Schwimmender Estrich

Der Estrich ist nicht fest mit dem Untergrund verbunden und liegt auf einer Trennfolie. Die Mindestdicke des Estrichs liegt bei ca. 35 mm. Trittschallschutz und Wärmedämmung können durch das Einbringen spezieller Zwischenlagen verbessert werden.

Trockenmörtel

Bereits im Werk für bestimmte Verarbeitungseigenschaften vorgemischte Mörtel, die nach dem gründlichen Verrühren mit Wasser und nach einer Reifezeit gebrauchsfähig sind.

Verarbeitungszeit

Die Zeit, in der das Material nach dem Anmischen verarbeitungsfähig bleibt. Die Menge, die für die einzelnen Arbeitsabschnitte angemischt wird, muß in dieser Zeit verbraucht werden können.

Verbundestrich

Der Estrich ist direkt und fest (kraftschlüssig) mit dem Untergrund verbunden. Die Mindestdicke liegt bei 20 mm. Verbundestriche sind dort geeignet, wo keine besonderen Anforderungen an den Feuchtigkeitsschutz und an die Wärme- und Schalldämmung gestellt werden.

Mit Formen und

In der Küche kommen alle Vorteile der Fliese zum Ausdruck. Mit der Vielfalt von Formen und Farben läßt sich der Raum wohnlich gestalten. Die pflegeleichte Oberfläche erleichtert die Arbeit in der Küche.

Farben wohnlich gestalten

Fliesen sind eine Entscheidung für viele Jahre. Farben, Formen, Verlegemuster und Fliesenmenge sollten sorgfältig ausgesucht und geplant werden.

Die Auswahl an Fliesen ist heute fast unendlich. Neben verschiedenen Farben und Mustern gibt es auch unterschiedliche Größen und Formen, die miteinander kombiniert werden können. Bei der Wahl der Fliesen sollte man immer die gesamte Einrichtung, die Größe der Räume und die Lichtverhältnisse im Auge behalten. Dunkle Farben können Räume optisch verengen, helle Farben vergrößern die Räume. Senkrecht verlaufende Muster oder Hochformate lassen niedrige Räume höher erscheinen. Störende Lichtreflexionen im Arbeitsbereich können durch matte Glasuren verhindert werden. Die Größe der Fliesen und Muster hat einen entscheidenden Einfluß auf die räumliche Wirkung.

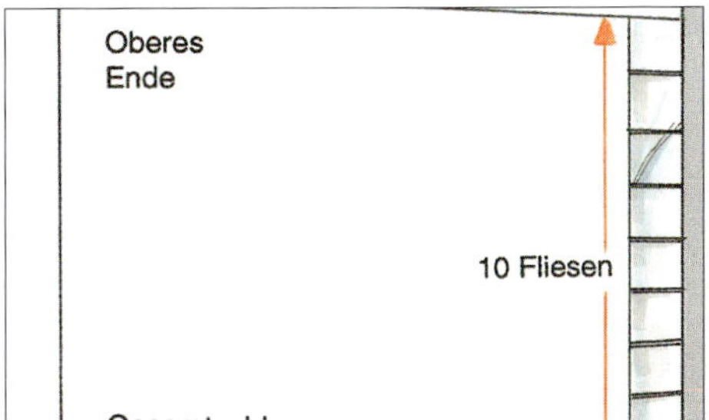

***Fliesen** werden für jede Wand einzeln berechnet, anschließend wird alles addiert, Anschnitte werden als ganze Fliesen gezählt.*

Mit einem genauen **Verlegeplan** Wände

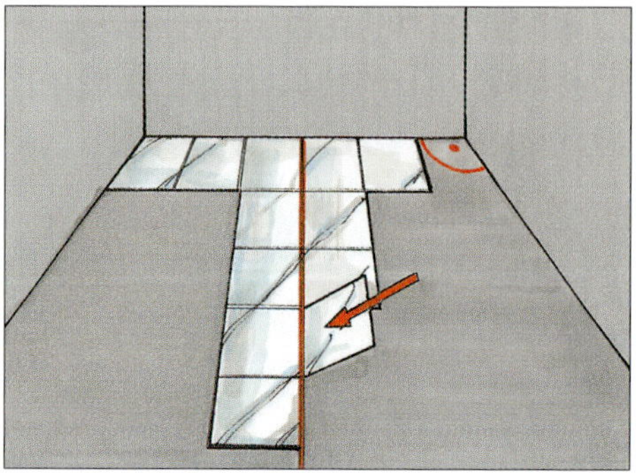

Die Richtschnur wird in der Mitte des Raumes gespannt. Zuerst an dieser und an der Stirnwand entlang wird eine Reihe Fliesen gelegt.

Das Senklot markiert die Mitte der Wand. An dieser Linie werden die Fliesen links und rechts ausgerichtet.

Die Fliesenoberkante ist nicht vorgegeben, man beginnt unten mit einer ganzen Fliese, bei begrenzter Höhe beginnt man oben.

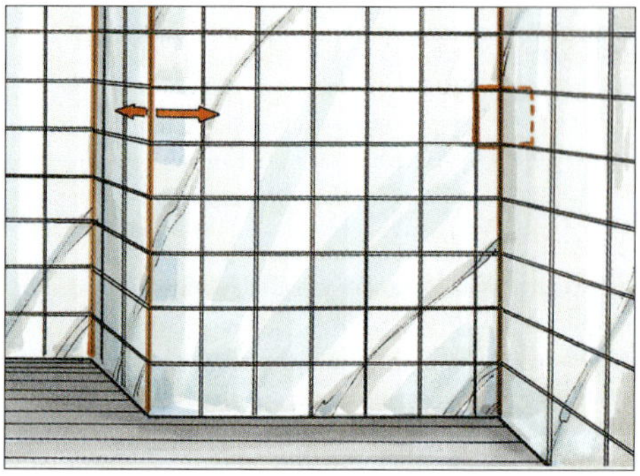

Mauerkanten und Pfeiler werden immer von der Außenkante beginnend verfliest, Anschnitte werden in der Ecke verlegt.

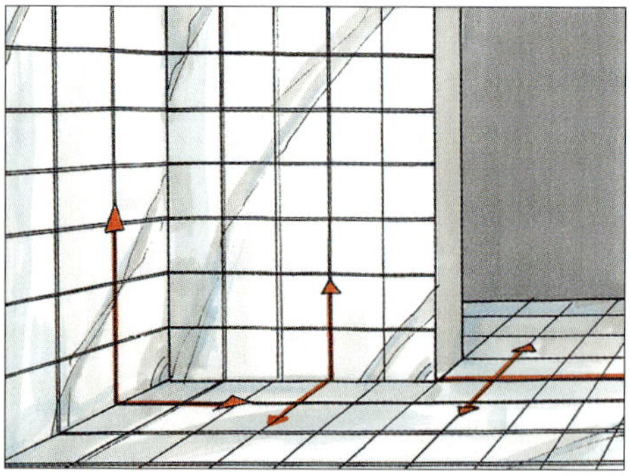

Wand- und Bodenfliesen haben das gleiche Format. In diesem Fall richtet sich der Verlauf der Bodenfliesen nach den Wandfliesen.

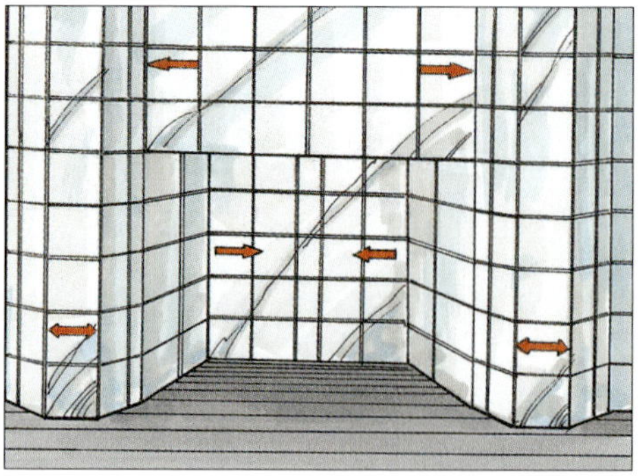

Nischen und Vorsprünge werden entweder von außen – mit Anschnittreihe in der Mitte – oder von innen beginnend verfliest.

Empfehlenswert ist es auf jeden Fall, sich vor Beginn der Arbeit einen genauen Plan zu machen. Ein Grundriß der zu verfliesenden Wand- und Bodenflächen wird auf Millimeterpapier übertragen, und Fliesen- und Verlegematerialmenge wird nach Fliesengröße und Fugenbreite berechnet. Für den Verschnitt muß je nach Größe der Flächen bis zu 30% hinzugezählt werden. Ablageflächen auf Vorsprüngen müssen gesondert berechnet werden. Riemchen, Abschluß- und Musterfliesen werden genau durchgezählt. Die Lage der Musterfliesen wird eingezeichnet. Auf diesem Grundriß wird auch schon festgelegt, wo mit dem Verfliesen begonnen werden soll. Beginnt man bei Nischen und Vorsprüngen in der Wandmitte, müssen die Anschnittreihen an der Außenkante gleich breit sein. Beginnt man an der Außenkante mit ganzen Fliesen, arbeitet man von beiden Seiten zur Mitte, die Anschnittreihe liegt dann in der Mitte der Nische. Anschnittreihen sollten nicht schmaler als die halbe Fliesenbreite sein.

Diagonal verlegte Fliesenmuster unterteilen große Flächen an Wänden und Böden und betonen die Architektur des Raumes.

Fugen, die vom Farbton der Fliesen abgesetzt sind, heben die Formate hervor und gliedern die gefliesten Flächen.

Riemchen oder Doppelquadrate, horizontal an der Wand verlegt, betonen in besonderer Weise die Länge des Raumes.

Fliesenformate können den Raum optisch verändern. Je kleiner der Raum oder die Fläche, um so kleiner sollte das Format sein.

Die Vorbereitung des

Gipskartonwände lassen sich schnell erstellen und sind ein idealer Baustoff sowohl beim Neubau als auch bei Sanierungen und Umbauten. Sollen sie verfliest werden, müssen sie vorbehandelt werden.

Untergrundes für die Fliese

Fliesen können ein Leben lang halten, wenn sie auf dem richtigen Untergrund verlegt werden. Wie man die Flächen vorbereitet, wird hier gezeigt.

Fliesen an der Wand sind keinen großen mechanischen Belastungen ausgesetzt. Aber Wände können arbeiten, was zu Rißbildungen führen kann. Sie sind häufig zu porös, die Haftfähigkeit muß verbessert werden. Bevor man also mit dem Verfliesen einer Wandfläche beginnt, sollte man sich über den Untergrund im klaren sein. Meistens ist eine Vorbehandlung notwendig. Wände aus Gipskartonplatten müssen fachgerecht verspachtelt werden. Die Stoßkanten der einzelnen Platten sind abgerundet, damit die Spachtelmasse eine Verbindung zwischen den Platten schaffen kann. Anschnittplatten müssen aus diesem Grund angeschrägt werden. Dünne Spachtelschichten sind nicht tragfähig. Danach muß die Fläche mit einem Haftgrund vorbehandelt werden, um die Elastizität, die Haftung und im Naßbereich besonders die wassersperrende Wirkung zu verbessern. Der Haftgrund wird vor dem Verfliesen mit einer Mauerbürste (Quast) unverdünnt aufgetragen.
Verputzte Wände sind meistens staubig und saugend. Hier wird die Grundierung aufgetragen, um den Untergrund zu verfestigen. Da beim Verfliesen im Dünnbettverfahren keinerlei Unebenheiten ausgeglichen werden können, müssen Löcher und Risse im Putz vorher beseitigt werden. Große Unebenheiten im Altbau können häufig nur durch einen neuen Putz oder das Beplanken mit Gipskartonplatten ausgeglichen werden.

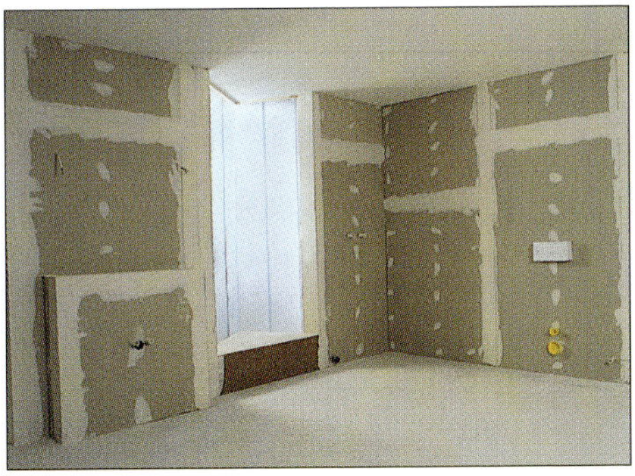

Gipskartonplatten werden alle 50 cm spannungsfrei auf der Wand befestigt. Schraubköpfe und Fugen werden verspachtelt.

Garagenböden aus Beton weisen nach jahrelanger Benutzung Unebenheiten auf, die vor dem Verfliesen ausgeglichen werden.

Wände und Böden müssen tragfähig sein.

Sollen mit Gipskarton beplankte Leichtbauwände verfliest werden, ist zu prüfen, ob die Unterkonstruktion der Wände das zusätzliche Gewicht tragen kann. Bei der Erstellung der Wände können zusätzliche Stützen eingebracht oder dickere Platten gewählt werden.
Bei Dielenfußböden muß die Unterkonstruktion auf ihre Tragfähigkeit überprüft werden.

Unebene, rauhe **Betonböden** werden mit

Sehr deutlich ist die rauhe, unebene Oberfläche des alten Kellerbodens zu erkennen. Vor dem Verfliesen muß dieser Untergrund vorbereitet werden.

***Die Grundierung** wird mit Wasser verdünnt und mit einem harten Besen auf dem staubfreien Untergrund verteilt.*

***Die Ausgleichsmasse** wird mit Wasser so angemischt, daß sie selbstverlaufend auf dem Boden ausgebracht werden kann.*

Ebener Boden mit Fließspachtel

Einfacher Zementestrich ist kein sehr praktischer und widerstandsfähiger Bodenbelag. Er verträgt keine großen Druckbelastungen und ist auch nicht einfach zu reinigen. Kellerräume und sogar Garagen werden aus diesem Grund häufig mit Fliesen belegt. Leider weisen diese Estriche inzwischen starke Gebrauchsspuren auf, so daß die Verlegfläche für den Fliesenbelag vorbereitet werden muß. Das kann mit einer Ausgleichsmasse geschehen.
Zuerst einmal muß der Boden gründlich von Staub, losen Teilen und Mörtelresten gesäubert werden. Eine Naßreinigung bindet den Staub am besten. Lose Teile sind mit dem Hammer wegzuschlagen, damit der Untergrund an allen Stellen wirklich tragfähig ist. Da die Schicht der Ausgleichsmasse maximal 10 mm stark sein darf, müssen größere Löcher vorher mit einem Reparaturmörtel ausgebessert werden. Auch diese Löcher müssen vor dem Ausbessern vorbehandelt und der Mörtel in die noch feuchte Grundierung eingearbeitet werden.
Als Haftbrücke zwischen dem alten Estrich und der Ausgleichsmasse wird eine Grundierung auf dem sauberen Boden ausgegossen und mit einen harten Besen verteilt. Auf diesen noch feuchten Haftgrund kann dann die Ausgleichsmasse aufgebracht werden.
Zügiges Arbeiten ist erforderlich, denn zwischen den einzelnen Abschnitten sollen nicht mehr als 10 Minuten vergehen. Entsprechend muß auch immer ausreichend Spachtelmasse angerührt sein.
Die Fläche kann erst nach 10 Stunden wieder betreten werden. Man sollte also zum Ausgang hin arbeiten.

Abschnittweise wird die Ausgleichsmasse auf dem Boden ausgegossen. Man beginnt in einer Ecke und arbeitet aus dem Raum heraus.

Der Selbstverlauf wird mit der Kelle unterstützt. Das ist besonders an den Nahtstellen der einzelnen Abschnitte wichtig.

Der Keller hat jetzt einen ebenen, neuen Boden. Nach zwei Tagen kann mit dem Verfliesen begonnen werden.

Verbesserte Schall- und

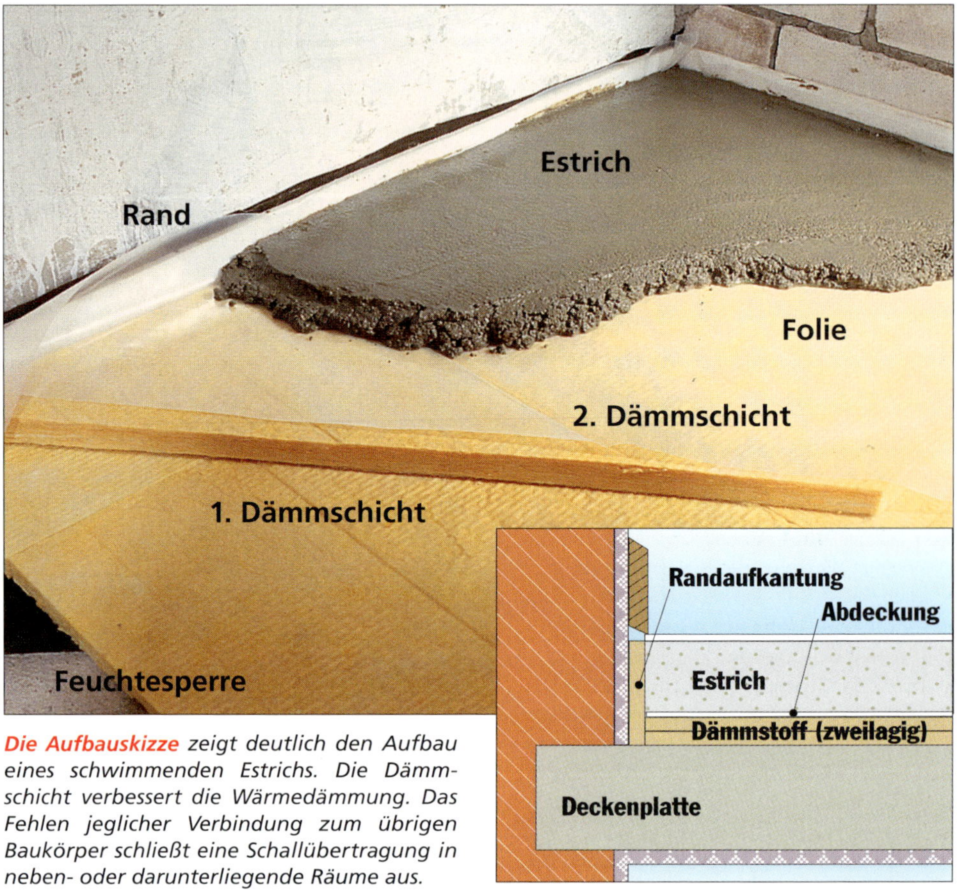

Die Aufbauskizze *zeigt deutlich den Aufbau eines schwimmenden Estrichs. Die Dämmschicht verbessert die Wärmedämmung. Das Fehlen jeglicher Verbindung zum übrigen Baukörper schließt eine Schallübertragung in neben- oder darunterliegende Räume aus.*

Das Dämmaterial *wird gegen aufsteigende Feuchtigkeit mit einer Lage Öl- oder Teerpapier geschützt, die 10 cm überlappen.*

Die Dämmschicht *muß fugenlos geschlossen sein, damit beim Verlegen keine Verbindung zwischen Estrich und Unterboden entsteht.*

Wärmedämmung im Estrich

Die Schall- und Wärmedämmung am Boden im Wohnbereich kann durch Einbringen eines schwimmenden Estrichs erheblich verbessert werden.

Es ist sehr sinnvoll, beim Verlegen eines neuen Fußbodens eine Schall- und Wärmeisolierung einzubauen. Es muß jedoch gewährleistet sein, daß die Unterkonstruktion tragfähig ist, denn der schwimmende Estrich hat keine Verbindung zum übrigen Baukörper. Die Dicke der Estrichschicht von 35 mm und der Isolierschicht von ca. 30 mm ergibt einen Höhenunterschied von mindestens 65 mm. Es entsteht also eine entsprechend hohe Stufe am Übergang zu den anderen Räumen. Die Isolierschicht kann aus Mineralwolle, Hartschaum oder Kork bestehen. Wichtig ist, daß der Estrich an keiner Stelle Kontakt zur Wand oder zum Boden hat, weil sonst die schalldämmende Wirkung aufgehoben wäre. Nach 8 Tagen ist der Estrichmörtel fest abgebunden.

Die Estrichmasse *wird in erdfeuchtem Zustand zwischen den Richtlatten ausgebracht und mit einer Abziehlatte verteilt.*

Die Richtlatten *werden entfernt und die Fugen ausgefüllt, wenn die Masse angezogen hat. Die Trittplatten verhindern Trittspuren.*

Der Randstreifen *aus Hartschaum wird um die Estrichfläche eingesetzt. Er muß überall höher sein als der folgende Estrich.*

Der Estrichglätter *wird zum Schluß mit sanftem Druck über die Oberfläche geführt, bis alle Poren geschlossen sind.*

Werkzeuge zum Schneiden

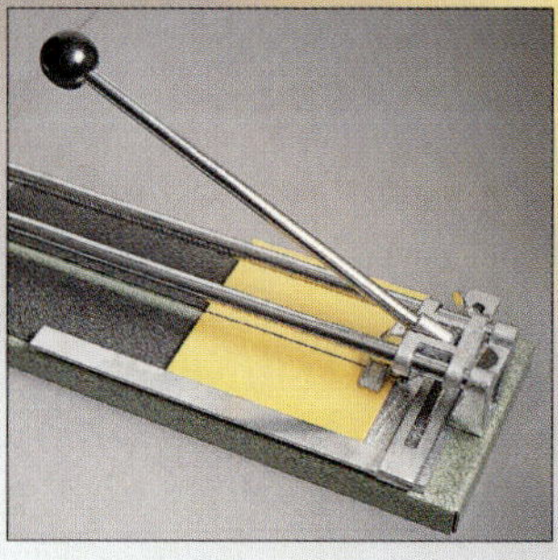

Bei größeren Vorhaben lohnt sich unbedingt der Kauf eines Fliesenschneiders.

Mit der Papageienzange können kleine Stücke aus der Fliese geknabbert werden.

Nach dem Verfugen wird großflächig und gründlich mit dem Schwammbrett gereinigt.

und Verlegen von Fliesen

Das richtige, qualitativ hochwertige Werkzeug erleichtert die Arbeit nicht nur erheblich, sondern macht eine fachgerechte Verlegung der Fliesen erst möglich. Hier wird alles gezeigt, was man zum Fliesenlegen braucht.

Das sind die **Werkzeuge** zum Schneiden,

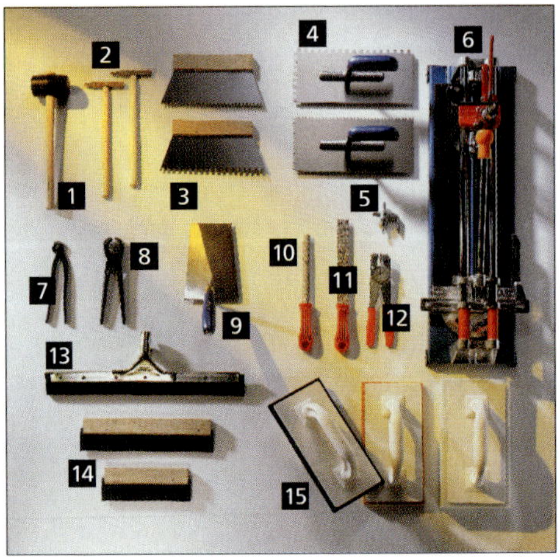

Fliesen sind hart wie Glas

Mit dem Gummihammer ❶ werden die Boden- und Sockelfliesen leicht angeklopft. Die beiden Fliesenhämmer ❷ mit dem sehr spitz zulaufenden Kopf (Finne) eignen sich zum feinfühligen Herausschlagen von Löchern in Fliesen. Dreieckszahnspachtel ❸ gibt es in verschiedenen Ausführungen und unterschiedlichen Zahnungen. Damit werden die Dünnbettmörtel entsprechend der Fliesenrückseite und der Größe der Fliese aufgetragen und durchgekämmt. Im Floatingverfahren wird der Klebemörtel großflächig auf den Untergrund mit einer Zahnkelle oder einem Zahnspachtel ❹ aufgetragen. Verteilt wird der Kleber mit der glatten Kante und dann mit der Zahnkante durchgekämmt. Kreisrunde Löcher unterschiedlicher Durchmesser werden mit dem Fliesenlochschneider ❺ und einer Bohrmaschine in die Fliese geschnitten. Die Schneide ist verstellbar. Unentbehrlich für gerade Schnitte ist das Fliesenschneidegerät ❻. Die besseren Geräte haben einen verstellbaren Anschlag für gleichmäßige Anschnittfliesen. Die Fliesen müssen dann nicht einzeln angezeichnet werden. Mit der Papageienzange ❼ werden kleine Stücke für enge Aussparungen und Ecken aus der Fliese herausgeknabbert. Will man mit der Brechzange ❽ Fliesenstreifen herausbrechen, müssen sie mit dem Fliesenschneider vorher angeritzt werden. Mit Traufel oder Kelle ❾ wird Kleber oder Fugenmasse aufgetragen. Zum Glätten der Anschnittkanten werden Feilen ❿ und ⓫ mit spezieller Beschichtung gebraucht. Das Stahlrädchen der Fliesenzange ⓬ ritzt die Fliese an, die dann mit dem Zangenmaul gebrochen und festgehalten wird. Auf dem Boden wird der Fugenmörtel mit einem Gummischieber ⓭ an langem Stiel verteilt und eingearbeitet. Die gleiche Arbeit wird an der Wand mit dem Fugengummi ⓮ ausgeführt. Zum guten Schluß wird mit dem Schwammbrett ⓯ nachgefugt und grob gereinigt. Es gibt sie in verschiedenen Größen mit unterschiedlichen Schwämmen.

Einige zusätzliche Werkzeuge, die die Arbeit erleichtern

Die Bohrmaschine sollte zum Durchrühren des Klebers recht kräftig sein. Eine elektrische Stichsäge oder eine einfache Bügelsäge mit speziellen Sägeblättern hilft beim Schneiden komplizierter Formen. Dickere Platten werden zum Zerteilen mit einem Winkelschleifer auf der Rückseite vorgeritzt. Auch Anschnittkanten können mit dem Winkelschleifer geglättet werden. Eine Schutzbrille schützt die Augen vor Splittern beim Arbeiten mit dem Winkelschleifer und dem Fliesenhammer.

Richtschnur und Wasserwaage

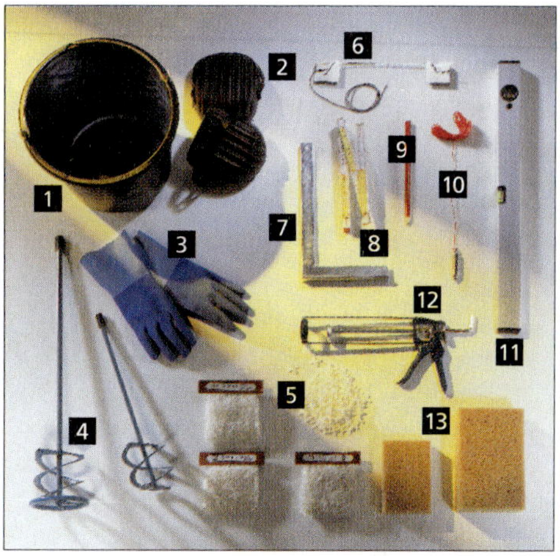

In einem großen, stabilen und standfesten Kunststoffeimer ❶ wird der Fliesenkleber angemacht. Man wird beim Fliesenlegen öfters auf den Knien arbeiten, da sind die Knieschoner ❷ sehr angenehm. Fliesenkleber und Fugenmörtel enthalten Zement und reagieren mit Wasser alkalisch. Das greift die Haut an. Zum Schutz der Hände werden beim Arbeiten Gummihandschuhe ❸ getragen. Mit einem Rührquirl ❹ als Bohrmaschinenaufsatz läßt sich der Mörtel besonders gleichmäßig in der gewünschten Konsistenz anmachen. Fliesenecken oder Fliesenkreuze ❺ für verschiedene Fugenbreiten sichern den richtigen und immer gleichmäßigen Abstand der Fliesen zueinander. Die Kunststoffkreuze sind niedriger als die Fliese und verbleiben in den Fugen. Zwei Fliesenlegerecken ❻, die rechts und links jeweils auf die erste Fliese gesetzt und mit einer Richtschnur verbunden werden, nennt man Fliesenhexe. Diese hilfreiche Einrichtung dient zur Orientierung und Maßhaltigkeit beim Verlegen von Wand- und Bodenfliesen. Die rechten Winkel werden mit einem Richtwinkel ❼ aus Metall überprüft. Die Richtwinkel gibt es mit unterschiedlichen Schenkellängen, glatt aufliegend oder, wie hier gezeigt, mit einer Anlegekante. Unentbehrlich zum Messen ist der Zollstock ❽ mit Zentimeter- und Millimeterangabe. Zwei oder drei Zollstöcke, auf dem Boden ausgelegt, verschaffen Überblick bei der Einteilung der Verlegemuster und Arbeitsabschnitte. Zum Anzeichnen auf der Wand oder auf den einzelnen Fliesen muß unbedingt ein Bleistift ❾ oder ein Wachsstift benutzt werden. Ein Filzstift ist ungeeignet. Die wasserlösliche Farbe eines Filzstiftes könnte auf der Fliesenrückseite durchschlagen und zur Verfärbung der Fliese führen. Etwas, das man ruhig sehr oft fallen lassen sollte, ist das Senklot ❿. Vertikale Ausrichtungen werden damit ausgelotet. Vor Beginn der Verlegearbeiten werden die senkrechten Hilfslinien auf der Wand angezeichnet. Während des Verlegens wird laufend mit dem Senklot kontrolliert. Auch die Wasserwaage ⓫ wird sehr häufig gebraucht werden, um die horizontale Ausrichtung zu überprüfen. Es gibt sie in verschiedenen Längen. Bei großen Flächen wird es sinnvoll sein, zusätzlich eine längere bereitzulegen. Die dauerelastischen Fugen zwischen Wand und Boden und an den Sanitärobjekten müssen mit elastischem Material wie Silikon ausgespritzt werden. Das gelingt am besten mit einer Kartuschenpistole ⓬, mit der man einen ganz gleichmäßigen Druck auf die Kartusche ausüben kann. Zum Feuchtreinigen der Flächen und Entfernen von Kleberresten und Fugenschlämmen werden Schwämme ⓭ in verschiedenen Größen gebraucht. Die Schwämme müssen immer wieder gründlich ausgespült werden, lieber einen mehr bereitlegen.

Entlang der **Richtschnur** werden die Fliesen

Die Wasserwaage wird beim Verlegen sehr häufig zum Einsatz kommen.

Fliesenkreuze erleichtern das maßgenaue Arbeiten beim Verlegen der Fliesen.

Je eher die Kleberreste mit dem Schwamm entfernt werden, desto einfacher ist es.

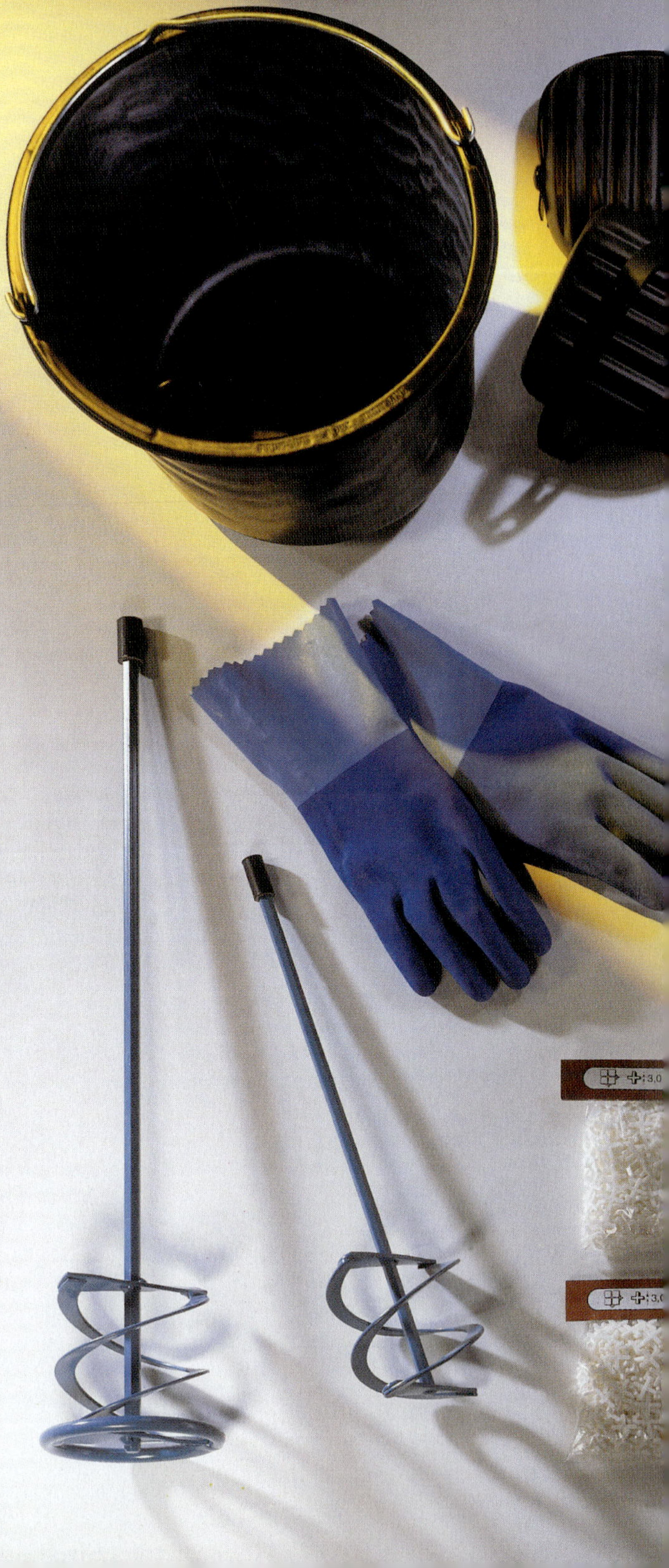

an Wand und Boden verlegt.

Wenn der Untergrund vorbereitet ist und die Fliesen zugeschnitten sind, beginnt die eigentliche Arbeit des Verlegens. Der Kleber kann angemischt werden. Mit Wasserwaage, Winkel, Richtschnur und Fliesenhexe wird das Ergebnis immer wieder überprüft.

Handwerkzeuge und

Tricks beim Fliesenschneiden

Viele rechtwinklige Fliesenabschnitte gleicher Breite ritzt man mit Hilfe einer Hauschiene an. Die eingestellte Schnittbreite bleibt bestehen. Danach wird die Fliese mit der Fliesenzange gebrochen.

Fliesen sind hart und spröde wie Glas. Die fachgerechte Bearbeitung gelingt mit richtigem Werkzeug.

Nicht immer lassen sich Fliesen in der Originalgröße verarbeiten, sie müssen zugeschnitten werden. Einfach ist ein glatter Trennschnitt. Die Fliese wird in einem Zug, ohne abzusetzen, angeritzt, das Ritzwerkzeug wird am Anschlag geführt. Mit einem Fliesenhammer wird gegen die Unterseite der Fliese geklopft. Sie wird im Bereich der Schnittlinie über eine Kante gebrochen. Fliesenzangen und Fliesenschneidemaschinen haben eine Vorrichtung zum Brechen.

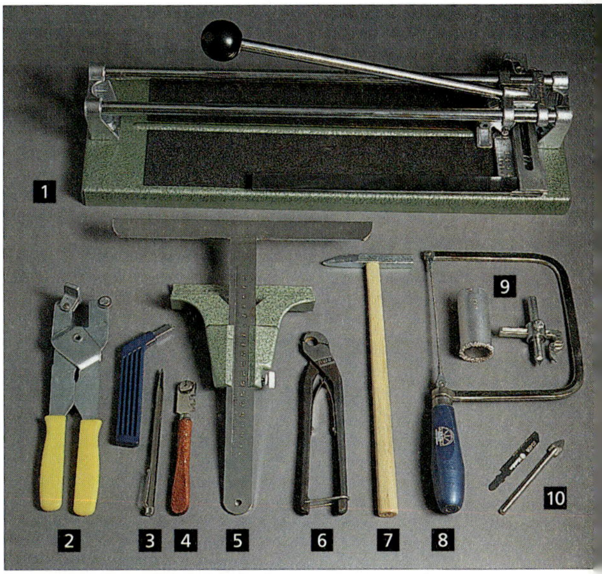

Werkzeuge zum Anreißen, Schneiden und Bearbeiten von Fliesen auf einen Blick: Fliesenzange (1), Schneidstähle (2), Glasschneider (3), Hauschiene (4), Papageienzange (5), Fliesenhammer (6), Spezialsäge (7), Kreisschneider (8), Spezialbohrer und Glasbohrer (9), Schneidemaschine (10).

Glatte Brüche erhält man durch Anritzen und gleichmäßigen Druck auf die Fliese, die auf einer scharfkantigen Unterlage liegt.

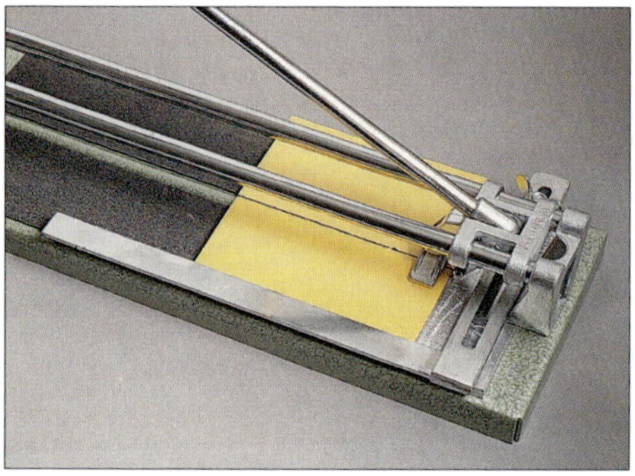

Schneidemaschine mit verstellbarem Winkelanschlag und Brechvorrichtung. Die Fliese wird auf der Glasurseite angeritzt.

Bruchkanten, Aussparungen und Löcher lassen sich mit einer Hartmetallfeile begradigen und mit normalem Schleifpapier glätten.

Löcher, Rundungen, Konturen

Bei Formschnitten ist das genaue Anzeichnen der Kontur mit einem weichen Bleistift oder Fettstift wichtig. Ein Filzstift ist wegen der Möglichkeit der Verfärbung ungeeignet. Eine Schablone, die man aus Pappe schneidet, ist bei wiederkehrenden Formaten sehr sinnvoll. Sauber wird der Schnitt mit einer Spezialdrahtsäge, die wie eine Laubsäge geführt wird. Stichsägeblätter sind relativ breit und lassen nur große Radien zu. Löcher lassen sich am einfachsten mit der Lochsäge oder dem Kreisschneider schneiden. Kleine Rundungen und Aussparungen kann man mit der Papageienzange aus der Fliese herausknabbern, es gehört jedoch Übung dazu.

Exakte Konturen mit der Kammschmiege

Sollen Fliesen an Rundungen oder Profilierungen genau angepaßt werden, kann dabei eine Kammschmiege helfen. Mit ihren feinen Taststiften wird die Form des Profils genau abgenommen und dann auf die Fliese übertragen. Mit einer Stichsäge oder dem Sägedraht ausschneiden.

richtigen Werkzeug zugeschnitten.

Aussparungen *herausknabbern kann man mit der Papageienzange. Es werden jeweils nur kleine Stücke herausgebrochen.*

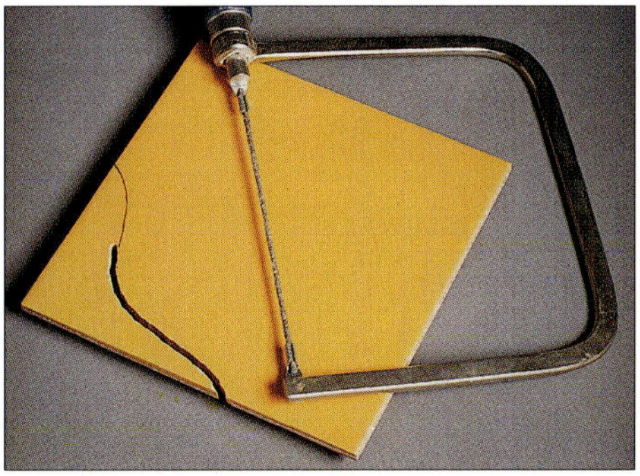

Spezialsägedrähte *für Ausschnitte gibt es in unterschiedlichen Längen. Sie werden in eine kleine Bügel- oder Eisensäge eingespannt.*

Stichsägen *mit entsprechenden hartmetallbeschichteten Sägeblättern erleichtern die Arbeit beim Schneiden von Konturen.*

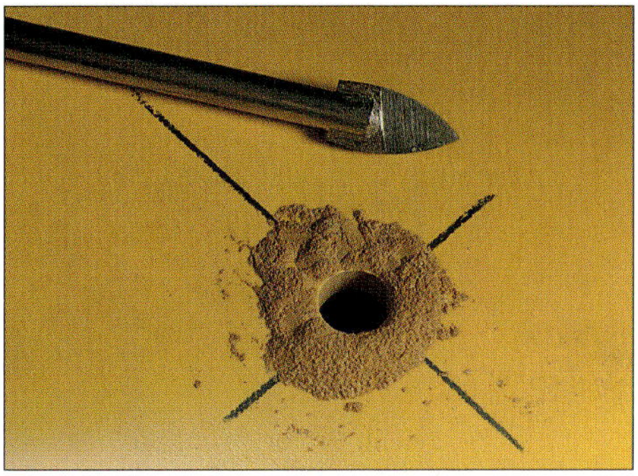

Spezialbohrer *für Glas sind zum Bohren von Fliesen geeignet. Hartmetallbohrer müssen einen speziellen Anschliff haben.*

Fliesenkreisschneider *mit Zentrierbohrer lassen sich auf jeden Bohrdurchmesser bis zu einer Größe von 90 mm einstellen.*

Fliesenlochsägen *schneiden mit aufgelöteten Hartmetallkörnern. Kronen unterschiedlicher Durchmesser können eingespannt werden.*

Dünnbettverlegung von

Ein wichtiger Arbeitsgang ist das gleichmäßige Durchkämmen des aufgebrachten Fliesenklebers. Die Zahnung des Spachtels richtet sich nach der Größe und der Rückseite der zu verlegenden Fliese.

***Fliesenkleber** wird beim Floatingverfahren abschnittweise auf den Untergrund aufgebracht. Der Kleber bleibt ca. 10 Minuten offen, danach läßt die Haftfähigkeit nach.*

***Kleberstege** müssen nach dem Aufkämmen über die ganze Fläche gleichmäßig und voll sein. Fliesen dürfen nie „knirsch", d. h. mit Kontakt zum Untergrund verlegt werden.*

Wand- und Bodenfliesen

Das Dünnbettverfahren ist die gebräuchlichste und zugleich einfachste Technik des Fliesenklebens. Es kann auf allen ebenen Wand- und Bodenflächen angewendet werden.

Bei der Dünnbettverlegung wird der Kleber in einer dünnen Schicht von 2 bis 6 mm aufgetragen. Unebenheiten des Untergrundes können nicht ausgeglichen werden. Mosaike und gleichmäßig dünne Fliesen werden im Floatingverfahren verklebt. Sockelfliesen setzt man üblicherweise im Butteringverfahren an, wobei der Kleber auf der Fliesenrückseite aufgetragen wird. Muß eine absolut hohlraumfreie Verklebung gewährleistet sein, z. B. bei Grobkeramik und Naturstein mit stark profilierter Rückseite oder im Außen- und Dauernaßbereich, kombiniert man beide Techniken zum Butteringfloatingverfahren. Beim kombinierten Verfahren erhöht sich der Kleberverbrauch um ca. 50 %. Beim Vorbereiten des Klebers ist zu bedenken, daß nur so viel Kleber angemischt wird, wie in der Verarbeitungszeit verbraucht werden kann. Wichtig ist, daß der Kleber erst angemacht wird, wenn alle Arbeiten wie Untergrundvorbereitung, Vermessen und Anzeichnen der Fliesenfläche abgeschlossen sind. Die Fläche, auf der der Kleber aufgekämmt wird, darf auch nur so groß sein, daß sie in der Zeit bis zur Hautbildung – ca. 15 Minuten – verfliest werden kann. In dieser Zeit kann der Sitz der in das Klebebett gedrückten Fliese noch korrigiert werden. Danach erhärtet sich der Kleber, und die Haftfähigkeit läßt nach. Die Hinweise auf der Verpackung geben Aufschluß über die Zeiten.

Die Zahnung des Spachtels ist richtig, wenn nach dem Andrücken der Fliese die Rückseite mindestens zu 60 % mit Kleber bedeckt ist. Diese Fliese hat ausreichend Kontaktfläche.

Kombiniertes Verfahren ist die Technik, Kleber sowohl auf den Untergrund als auch auf die Fliese aufzutragen. Es wird bei Rückseitenprofilierungen über 2 mm angewandt.

Der richtige Klebemörtel

Der Klebemörtel muß zu einer klümpchenfreien, homogenen Masse verrührt werden. Am besten arbeitet man mit einem Rührquirl und einer starken Bohrmaschine, denn der Kleber ist zäh.

Nicht immer muß es der teuerste Kleber sein. Aber immer muß es der richtige sein, damit die Fliesen dauerhaft und belastbar auf dem Untergrund liegen.

Fliesen werden an Wand und Boden auf verschiedenen Untergründen verlegt. Die Beanspruchung der Fliese ist auch nicht gleich. Bodenfliesen müssen einem großen Druck standhalten und sind dabei selber in keiner Weise flexibel. Bei Wandfliesen spielt die Druckbelastung eine untergeordnete Rolle, sie werden aber häufig auf Flächen verlegt, die arbeiten.
Die Wahl des Fliesenklebers richtet sich also hauptsächlich nach dem Untergrund, auf dem verfliest werden soll. Der Beschaffenheit der Fliese trägt man durch die unterschiedlichen Verlegeverfahren Rechnung, d. h., in welcher Stärke der Kleber einseitig oder beidseitig aufgetragen wird. Eine Ausnahme machen hier nur helle Natursteinplatten. Um dem Durchscheinen des Fliesenklebers vorzubeugen, wird hier ein weißer Marmorkleber verwendet.
Für die meisten Anwendungen werden hydraulisch erhärtende Dünnbettmörtel eingesetzt. Dieser Mörtel ist frostbeständig und wasserfest, kann also auch im Außen- und Naßbereich eingesetzt werden. Die hohe Endfestigkeit ist ein Vorteil beim Verlegen von Bodenfliesen. Eine größere Elastizität des Mörtels wird durch Zugabe einer Emulsion erreicht.
Dispersionskleber sind erheblich elastischer, aber nicht frostsicher, können also nicht im Außenbereich eingesetzt werden. Sie werden z. B. eingesetzt, wenn Fliesen auf einem vorhandenen Fliesenbelag verlegt werden sollen. Zur Erreichung einer höheren Endfestigkeit am Boden kann Zement zugesetzt werden.
Bei Flächen, die in kurzer Zeit wieder begehbar sein müssen, kann ein Schnellkleber verwendet werden. Das ist wichtig bei Treppen, im Eingangsbereich und auch bei Sanitäranlagen.
In der Tabelle auf der folgenden Seite sind die verschiedenen Kleber für die unterschiedlichen Untergründe in einer Übersicht zusammengefaßt.

für jede Anwendung

Für jeden Untergrund den richtigen Kleber

Untergründe	*Anforderungen an den Untergrund*	*Untergrundvorbehandlung: Grundieren mit Elastic-Emulsion*	*Dünnbettmörtel / Fliesenkleber*	*flexibler Fliesenkleber*	*mit einer Emulsion/Dispersion vergüteter Fliesenkleber*	*Zweikomponentenfliesenkleber*	*gebrauchsfertiger Dispersions-fliesenkleber*	*Schnellkleber*	*Marmorkleber*
Boden									
Zementestrich	*Mindestalter 28 Tage*		X	●	●		● 1)	X	X
Beton	*Mindestalter 3 Monate*		X	●	●		● 1)	X	X
Heizestrich (Fußbodenheizung)	*Mindestalter 28 Tage (bereits aufgeheizt)*			X	●	●			X
Anhydridestrich	*mechanisch anschleifen*	X		X	●				X
Magnesitestrich	*wasserdicht versiegelt*	X		X	X				X
Gußasphaltestrich	*stumpf, mit Sand abgerieben Beschichtung anrauen*	X		X	X				
alter Fliesenbelag	*gründlich gereinigt*			X	X	X	● 1)		
Trockenunterboden	*ausreichend stabil Dicke mindestens 25 mm*	X		X	X	X			
Kunstharzbeschichtung	*ggf. anschleifen*			X	X	X			
Wand									
Beton	*Mindestalter 3 Monate frei von Schalmittelrückständen*			●	X	X	●	X	X
Porenbeton	*entstaubt*	X		X	●			X	X
Gipsplatten	*Fugen ebenflächig verspachtelt*	X		X	●	X	X		
Gipsbauplatten	*doppelt beplankt, verspachtelt*	X		●	●	X	X		
Gipsputze	*P IV a, b, P V Feuchtigkeitsgehalt ≤ 2 Vol.-%*	X		X	●	X	X		
Kalk-, Kalk-Zement-, Zementputze	*P II, P III, Mindestalter 28 Tage*			X	●	●		X	X
Polystyrolplatten	*bewegungsfrei befestigt*			X	●	●	X		
Fliesenbeläge	*gründlich gereinigt*			X	X	●	X		
Holzspanplatten	*V 100, Dicke ≤ 22 mm*			X	X	X	X		
Außenbereich									
nur auf mineralischen, zementgebundenen Untergründen	*sauber, frostbeständig*			X	X			X	
	kleine, untergeordnete Flächen		X					X	

X = *bevorzugt geeignet* ● = *alternativ* ● 1) = *Zement zugeben*

Wandfliesen verkleben

und anschließend verfugen

Es ist leichter, als es auf den ersten Blick aussieht. Sorgfältige Vorbereitung des Untergrundes, ein überlegtes Vorgehen und die Auswahl des richtigen Materials führten zu diesem Ergebnis.

Wasserfest, haltbar, schön und leicht zu pflegen. Fliesen sind der ideale Wandbelag für Bad und Küche. Und so werden sie fachgerecht verlegt.

Wände, Vorsprünge und Nischen werden verfliest. Aussparungen für die Anschlüsse von Wasserleitungen, Abflußrohren und Heizungen werden festgelegt. Dusche und Badewanne müssen wasserdicht eingebaut werden. Farbige Flächen sollen die Wände auflockern. Es liegt auf der Hand, daß nur umfangreiche Vorarbeit und Planung zu einem guten Ergebnis führen können. Wenn der Fliesenbedarf errechnet ist, wird die entsprechende Menge Kleber und Fugenfüller eingekauft und das richtige Werkzeug bereitgelegt. Denn wenn mit der Arbeit begonnen wurde, muß sie zügig voranschreiten.

Stilleben mit Werkzeug und Material. Die richtige Auswahl erleichtert das Arbeiten.

Vermessen und Anzeichnen der Fliesenflächen ist besonders wichtig, wenn Muster gelegt oder zweifarbig verfliest werden soll.

Anmischen und Aufkämmen des Klebers erst, wenn alle Vorbereitungsarbeiten abgeschlossen sind. Mit kleinen Flächen beginnen.

Sockelfliesen werden zuerst gesetzt. Ohne Hohlstellen werden die Fliesen durch leichtes Hineinschieben in das Kleberbett gedrückt.

Beginn mit kleinen Flächen

Wichtig für das Gelingen der Arbeit ist das Vermessen der Wandflächen. Keine Wand ist genau senkrecht und kein Fußboden absolut waagerecht. Mit Zollstock, Wasserwaage und Senklot werden die Flächen und Hilfslinien auf der Wand eingezeichnet. Die farbig abgesetzten Flächen werden vor dem Verlegen markiert. Um oben mit einer ganzen Fliese enden zu können, muß die Höhe der Sockelfliese genau ausgemessen werden. Die Breite der Anschnittfliesen in Ecken und an Vorsprüngen sollte nicht zu gering sein. Das sieht nicht gut aus, und ganz schmale Anschnitte lassen sich kaum noch zuschneiden. Wenn man noch nie Fliesen verlegt hat, ist es ratsam, mit Leisten zu arbeiten. Jeweils für die erste horizontale und vertikale Fliesenreihe wird eine Hilfsleiste an der Wand befestigt, an der man sich im Verlauf der weiteren Arbeit gut orientieren kann. Erst, wenn diese Arbeiten abgeschlossen sind, wird der Fliesenkleber angesetzt.

Hier werden die Sockelfliesen zuerst gesetzt. Beim Abstand zum Fußboden ist eine Dehnungsfuge einzuplanen, die dann später dauerelastisch abgedichtet wird. Sockelfliesen können auch im Buttering-verfahren gesetzt werden. Der Fliesenkleber wird vollflächig mit dem richtigen Zahnspachtel auf die einzelne Fliese aufgetragen.

Der Kleber wird anfangs in kleinen, überschaubaren Flächen aufgetragen und durchgekämmt, um sich an Arbeitsweise und -tempo zu gewöhnen. Die Fläche, die bis zur Hautbildung in einem Arbeitsgang verfliest werden kann, wird mit der ständigen Übung größer. In welcher Richtung der Fliesenkleber aufgekämmt wird –

vertikal, horizontal oder diagonal –, ist gleichgültig. Wichtig ist nur, daß immer gleichmäßig volle Kleberstege zu sehen sind, die ein hohlraumfreies Verkleben gewährleisten. Die Fliese wird durch Hineinschieben und „Anruckeln“ unter leichtem Druck in das Kleberbett eingebracht. An keiner Stelle darf sie mörtelfrei „knirsch“direkt auf dem Untergrund aufliegen.

Eine gute Hilfe gerade bei ungeübten Fliesenlegern und bei größeren Fugen sind Fugenkreuze oder Fliesenecken, die als Abstandshalter eingelegt werden. Diese kleinen Kunststoffkreuze sind niedriger als die Fliesen und können in den Fugen verbleiben. Es gibt sie in verschiedenen Breiten.

Eine weitere sinnvolle Hilfe sind zwei Fliesenlegerecken, die rechts und links auf den senkrecht verlegten Fliesen aufgelegt und mit einer Richtschnur verbunden werden. Diese Einrichtung zur Orientierung und Maßhaltigkeit nennt man auch „Fliesenhexe“.

Bei der Größe der Fläche, die in einem Zuge aufgekämmt wird, ist auch zu bedenken, daß der Sitz der Fliesen nur in der offenen Zeit korrigiert werden kann. Das sind je nach Kleber zwischen 10 und 15 Minuten. Also immer wieder in kleineren Abständen den Sitz der Fliesen mit Wasserwaage, Senklot und Augenmaß korrigieren, bevor sie fest angezogen haben. Von Zeit zu Zeit zurücktreten, um das Gesamtbild zu begutachten.

Frischer Kleber läßt sich am leichtesten von den Fliesen und aus den Fugen entfernen. Aus diesem Grunde sind verflieste Abschnitte sofort mit einem nassen Schwamm zu reinigen.

***Fliesenkreuze** können zwischen die Fliesen gesetzt werden, um gleichmäßige, auf die Fliesengröße abgestimmte Fugen zu erhalten.*

***Abschnittweise** wird der Fliesenkleber aufgetragen. Immer so viel, wie in der Zeit bis zur Hautbildung verfliest werden kann.*

***Korrekturen** mit Hilfe von Wasserwaage, Fliesenhexe und Augenmaß können in der offenen Zeit vorgenommen werden.*

Kleberstege können vertikal oder horizontal aufgekämmt werden. Die Fliesen müssen in ein volldeckendes Mörtelbett gelegt werden.

Wandecken werden als erstes von unten bis oben verfliest, dann arbeitet man sich Schicht für Schicht nach oben vor.

Kleberreste müssen anschließend gründlich mit einem feuchten Schwamm von den fertig geklebten Flächen entfernt werden.

Fugen versiegeln die Fläche

Alle Flächen sind verfliest. Während der Arbeit wurde zu stark austretender Fliesenkleber bereits aus den Fugen gekratzt, um eine gleichmäßige Fugentiefe zu erreichen. Die Flächen müssen jetzt mit einem feuchten Schwamm sehr gründlich von Kleberresten gereinigt werden.

Mit dem Verfugen kann 24 Stunden nach dem Verfliesen begonnen werden. Nach Möglichkeit etwas länger warten, damit der Fliesenkleber gründlich aushärten kann. Will man früher beginnen, muß man beim Verfliesen mit einem Schnellkleber arbeiten, der bereits nach ca. 3 Stunden ausgehärtet ist.

Fugenmörtel gibt es für den Innenbereich in verschiedenen, auf die Sanitärfarben abgestimmten Farbtönen. In diesem Bad wurde Weiß verwendet, denn Weiß ist die hier dominierende Farbe. Für das Verfugen im Badezimmer und in der Küche nimmt man einen Fugenmörtel, der elastisch und wasserundurchlässig ist.

Fugen werden eingeschlämmt, d. h., daß der Fugenmörtel dünnflüssiger sein muß als der Klebemörtel. Der Bedarf richtet sich nach der Breite der Fugen. Auch hier zuerst kleinere Mengen anmischen, denn der Arbeitsfortschritt wird leicht überschätzt. Besonders beim farbigen Verfugen muß der Fugenmörtel immer gleichmäßig angemischt werden, um ein einheitliches Fugenbild zu erhalten. Der Verpackungsaufdruck gibt Aufschluß über das richtige Mischungsverhältnis.

Der Fugenfüller muß diagonal zum Fugenverlauf mit dem Schwammbrett oder dem Fugengummi gründlich in die Fugen eingearbeitet werden. Das sollte sehr sorgfältig ausgeführt werden, denn mit diesem Arbeitsgang wird die geflieste

Fläche versiegelt und gegen eindringende Feuchtigkeit geschützt. Man geht auch hier abschnittweise vor und beseitigt dabei gleich mit dem Fugengummi die überschüssige Fugenmasse.
Nach dem Anziehen des Mörtels werden die Flächen mit einem feuchten Schwamm, der immer wieder ausgespült werden muß, abgewaschen. Ganz zum Schluß wird mit einem trockenen Tuch nachpoliert.

Die Werkzeugkiste zum Fliesenlegen und Verfugen

Ausreichend großer, standfester Kunststoffeimer zum Anmachen von Kleber und Mörtel – Rührquirl als Bohrmaschinenaufsatz zum gleichmäßigen Anmischen (dazu ist eine Bohrmaschine mit elektronischer Drehzahlregelung erforderlich) – Kelle oder Traufel zum Auftragen des Klebers – Dreieckszahnspachtel zum Durchkämmen gibt es für die unterschiedlichen Fliesengrößen in verschiedenen Zahnungen – Gummihammer zum leichten Anklopfen der Fliesen – Zollstock oder Rollbandmaß, Wasserwaage, Richtwinkel zum Aufmessen, Anzeichnen und Korrigieren – Fliesenecken mit Gummiband und Richtschnur als Anlegehilfe – einige lange Leisten, ebenfalls als Anlegehilfe – Schwammbrett sowie schmales und breites Fugengummi zum Auftragen und Einarbeiten des Fugenmörtels – mehrere große und kleine Schwämme zum Abwaschen der Fliesen nach dem Verfugen – einige große Tücher zum Nachpolieren der gereinigten Flächen.

Fugenmörtel *kann bereits nach 24 Stunden mit einem Fugengummi oder dem Schwammbrett auf der Fläche verteilt werden.*

Fugen *sollen diagonal zur Fugenrichtung verfüllt werden. Überschüssige Fugenmasse wird mit dem Schwammbrett entfernt.*

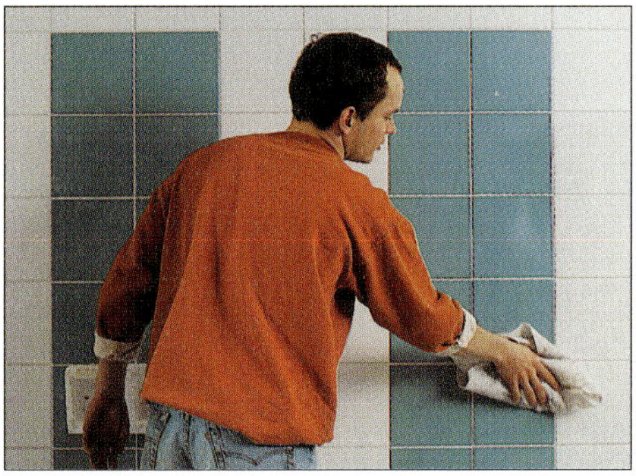

Die Flächen *werden nach dem Anziehen des Mörtels mit einem feuchten Schwamm gereinigt und mit einem Tuch nachpoliert.*

Fußbodenfliesen – ein

Freundlich und großzügig wirkt der Raum durch den hellen Belag aus Steinzeugfliesen. Die Farbakzente der Einrichtung lassen die Schönheit des Bodens voll zur Geltung kommen.

Belag mit vielen Vorteilen

Als Bodenbelag kommen alle Vorteile der Fliese voll zur Geltung. Die besondere Beanspruchung erfordert sorgfältiges Arbeiten beim Verlegen und Verfugen.

Der Fußboden ist die am stärksten beanspruchte Fläche im Wohnbereich. Schmutz wird von der Straße ins Haus getragen, und Sandkörner reiben und schmirgeln an der Oberfläche des Bodenbelags. Hinzu kommt eine außergewöhnlich hohe Druckbelastung durch aufgestellte Möbel, Küchengeräte und Waschmaschinen. Man denke nur einmal daran, wie hoch die Druckbelastung bei einem vierbeinigen Sofa ist, auf dem nur zwei Personen sitzen. Bei der Waschmaschine kommen die Vibrationen hinzu.
Die Fliese muß also für die verschiedenen Räume eine bestimmte Abriebfestigkeit an der Oberfläche haben. Die wird im Wohnzimmer geringer sein müssen als z. B. im Eingangsbereich und im Keller.
Ein ganz wichtiger Punkt ist die Beschaffenheit des Bodens, auf dem verlegt werden soll. Keramik- und Steinzeugfliesen sind erheblich schwerer als andere Beläge. Bei einem Betonboden ist das sicher kein Problem, er muß nur absolut eben sein. Ein Holzfußboden sollte vorher gründlich auf seine Festigkeit untersucht werden. Große Schwingungen kann ein Fliesenboden nicht auffangen.
Ein genauer Zeitplan und Arbeitsablauf ist beim Verfliesen eines Fußbodens wichtig, denn die Fläche ist erst nach zwei Tagen wieder begehbar. Das kann bei Küche und Bad schon ein Problem sein. Eventuell müssen diese Bereiche mit einem Schnellkleber verfliest werden.

Die Einteilung der Bodenfläche ist wichtig. Die Mittellinie wird angezeichnet, der Boden in Arbeitsabschnitte aufgeteilt.

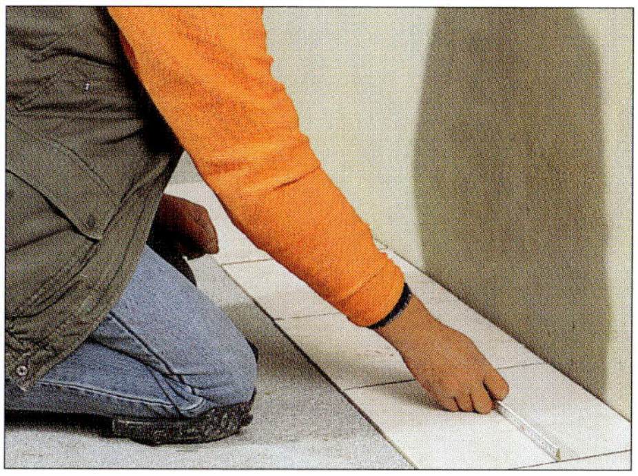

Die Fliesen werden zum Vermessen und Einteilen lose auf dem Boden ausgelegt. Dabei Fliesen aus verschiedenen Paketen mischen.

Fliesenkleber wird mit der Zahnkelle aufgetragen. Die Zahnung richtet sich nach der Rückseite und Größe der Fliese.

***Kleberstege** müssen vollflächig und gleichmäßig aufgekämmt sein, bevor die Fliesen in das Mörtelbett gedrückt werden können.*

***Festklopfen** der Fliese mit dem Gummihammer, wobei sie aber nie mit direktem Kontakt zum Untergrund verlegt werden darf.*

***Fliesenkreuze** helfen, die Fugenabstände genau einzuhalten. Sie können nach dem Anziehen der Fliese wieder entfernt werden.*

Vollflächig und hohlraumfrei

Vor dem Beginn der Arbeiten nochmals mit einem Richtscheit und der Wasserwaage überprüfen, ob der Boden absolut eben ist. Beim Verlegen im Dünnbettverfahren – und das wird hier gezeigt – können keinerlei Bodenunebenheiten ausgeglichen werden. Die Kleberschicht ist einfach zu dünn. Verlegefehler rächen sich bei Bodenfliesen eher als bei Wandfliesen.
Wenn die Vorarbeiten abgeschlossen sind, wird der Fliesenkleber angemacht, und zwar in der Menge, die in der Verarbeitungszeit verbraucht werden kann. Der Kleber wird zuerst auf einer kleinen Fläche aufgezogen und dann sehr gründlich durchgekämmt. Hier kommt es jetzt wirklich auf absolut hohlraumfreie Verklebung an, denn hohl liegende Fliesen brechen bei Belastung. Die Zahnung der Kelle oder des Kammspachtels richtet sich nach der Größe der Fliesen, bei Bodenfliesen meist 6 – 8 mm.
Die Fliesen werden nacheinander in das Mörtelbett eingeschoben, angedrückt und mit einem Gummihammer leicht festgeklopft. Keine Fliese, auch nicht im Randbereich, darf mit Kontakt auf dem Untergrund aufliegen. So arbeitet man die einzelnen Arbeitsabschnitte durch. Die Sockelfliesen werden sinnvollerweise im Butteringverfahren angesetzt, wonach der Kleber auf die Fliese gekämmt wird, da die schmale Fläche an der Wand sich nur schwer durchkämmen läßt, ohne die Wand zu verschmutzen.
Bei der Verwendung von Fliesenecken und Fliesenkreuzen ist zu bedenken, daß die Fliesen nicht immer gleich groß sind. Die Unterschiede sind sicher nicht erheblich, sie können sich aber summieren. Eine Kontrolle mit der Richtschnur und dem

besonders sorgfältige Arbeit.

eigenen Augenmaß ist auch hier nötig. Ab und zu einen Schritt zurücktreten, um das Gesamtbild zu begutachten.
Die Maßhaltigkeit der Waagerechten, d. h., ob der Boden eben ist, muß während der Arbeiten zusätzlich mit der Wasserwaage kontrolliert werden, und zwar Abschnitt für Abschnitt. Korrigieren kann man nur in der offenen Zeit nach dem Aufkämmen des Klebemörtels.

Gute Vorbereitung und Planung ist die halbe Arbeit

Die Einteilung der zu verfliesenden Bodenfläche ist wichtig. Bei einem rechtwinkligen Raum wird mittig und parallel zu den Seitenwänden eine Richtschnur gespannt und die Linie aufgezeichnet. Im rechten Winkel und parallel dazu werden weitere Hilfslinien gezogen. So wird die Bodenfläche in mehrere kleine Arbeitsabschnitte eingeteilt. Der Abschnitt, der dem Ausgang des Raums am nächsten liegt, wird natürlich als letzter gefliest. Zur Kontrolle werden die Fliesen erst einmal lose auf den Boden gelegt. Dabei werden Fliesen aus verschiedenen Paketen gemischt, denn gerade bei großformatigen Bodenplatten kann es leicht zu Farbabweichungen und zu geringen Abmessungstoleranzen kommen. Mit dem Probeverlegen läßt sich das ausgleichen. Mit Tesakrepp beklebt und mit Bleistift beschriftet, kann man die Fliesen kennzeichnen. Der Ablauf der Arbeit muß genau festgelegt werden, denn die verflieste Fläche darf 24 Stunden nicht betreten werden.

Maßhaltigkeit mit der Wasserwaage überprüfen. Abschnitt für Abschnitt wird kontrolliert. Ca. 30 Minuten kann noch korrigiert werden.

Verfugen ist der letzte Arbeitsgang. Bei Bodenfliesen muß man je nach Raumtemperatur 2 bis 3 Tage warten.

Die Fugen werden mit trockenem Fugenmörtel abgestreut, um gleichmäßiges Abtrocknen und Farbkontinuität der Fugen zu erreichen.

Verfüllen mit farbigem Fugenmörtel

***Vorreinigung** der gefliesten und verfugten Fläche und Abfegen des ausgestreuten Materials mit einem Gummischieber.*

***Mörtelreste** werden bei der Endreinigung mit dem feuchten Schwammbrett gut in die Fugen gedrückt.*

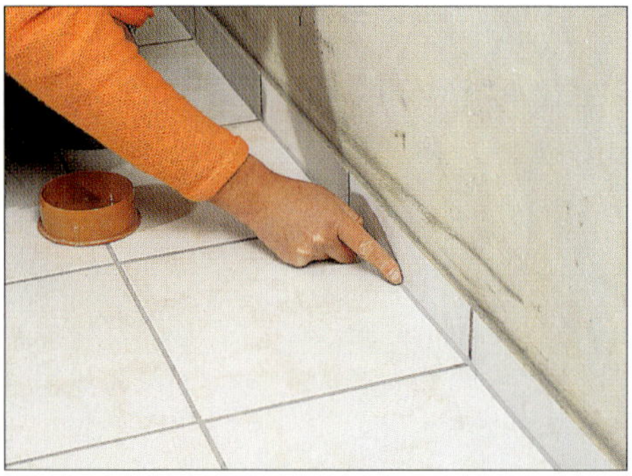

***Dehnungsfugen** zwischen Wand und Fußboden müssen ganz zum Schluß dauerelastisch abgedichtet werden.*

Beginn nach 2 bis 3 Tagen

Nach drei Tagen kann mit dem Verfugen begonnen werden. Für Böden wird der Fugenfüller nach Gebrauchsanleitung auf der Verpackung etwas dünnflüssiger angemacht. Besonders bei farbigem Fugenfüller ist es wichtig, daß er für jeden Arbeitsgang mit der gleichen Wassermenge angemischt wird, da sich sonst Farbunterschiede ergeben können.
Der Fugenmörtel wird ausgegossen und mit dem Gummischieber gleichmäßig diagonal zum Fugenverlauf verteilt. Die Sockelfliesen werden mit einem Spachtel oder per Hand verfugt. Die frischen Fugen werden mit trockenem Fugenmörtel abgestreut. Damit wird gleichmäßiges Antrocknen und Farbkontinuität erreicht. Nach wenigen Minuten kann der Boden mit dem Gummischieber schon grob gereinigt werden. Mit dem Schwammbrett wird der Boden gründlich gereinigt. Die ganze Fläche wird zum Schluß mit einem trockenen Tuch nachpoliert.

ZuhauseWohnen
STECKT JEDEN MONAT VOLLER IDEEN.
Ideen fürs Bad!
Super Deko
Schönes zum Selbermachen
Toll für Gäste!
Top Adressen
Wohnberatung!!
zuhause wohnen
44 Seiten Extra
Wände kreativ gestalten
Die neuen Trends
22 Seiten Balkon & Garten
76 Seiten Extra Haus & Ideen
Stil-Mix
72 Seiten Extra
Wohnen wie im Süden
92 Seiten Extra Bad & Ideen
Landhaus-Stil für Genießer

Ein neues Badezimmer ohne Staub und Lärm

Das Badezimmer entspricht jetzt wieder den heutigen Ansprüchen. Die Verkleidung wurde bis zur Decke hochgezogen. Die weißen Fliesen wurden auf den alten blauen Belag geklebt.

Bei der Renovierung des Badezimmers oder der Küche macht das Abschlagen der alten Fliesen Lärm, Staub und Arbeit. Es geht auch einfacher.

Es sind nicht einmal die Kosten allein, die uns davon abhalten, das Badezimmer neu zu gestalten. Vielmehr denkt man mit Grausen an den Schmutz und den Lärm, der durch das Abschlagen der alten Fliesen verursacht wird. Häufig sind diese Wandbeläge auch noch im Dickbettverfahren verlegt worden, so daß nach dem Abschlagen die Verlegefläche vollkommen neu verputzt werden muß.
Es gibt aber die Möglichkeit, die alten Fliesen zu belassen und neue auf die alten zu kleben. Bei Kücheneinbauten, wo zwischen den Einbauschränken nur ein Fliesenschild bleibt, ist dieses Verfahren üblich. Im Bad kann es genauso angewendet werden. Trotzdem hat man die Möglichkeit, den Komfort des Bads durch den Einbau modernerer oder weiterer Sanitärelemente zu verbessern. In diesem Bad wurde z. B. die Heizung verlegt, die Armaturen erneuert und die Nische verkleidet.

Das Abschlagen *der alten Fliesen wäre mit viel Aufwand verbunden, zumal diese noch im Dickbettverfahren verlegt wurden.*

Die Haftung *des neuen Fliesenbelags wird verbessert, wenn die alten Fliesen mit Sandpapier angeschliffen werden.*

Die Wand *soll bei dieser Renovierung bis zur Decke verfliest werden. Tapeten und Farbanstriche müssen vorher entfernt werden.*

Planung und Vorbereitung

Bevor man mit den Umbaumaßnahmen beginnt, ist zu überlegen, was verändert werden soll. Da die Wand vollkommen neu verkleidet wird, könnten bei dieser Gelegenheit die Sanitärelemente auch neu angeordnet werden.
Die alten Bäder waren meistens nur bis etwas über Wandmitte verfliest. Es ist kein Problem, höher zu verfliesen. Allerdings ist es in Bädern nicht immer ratsam, bis zur Decke zu verkleiden. Die normal verputzte Wand nimmt den überschüssigen Wasserdampf am besten auf und gibt ihn später bei niedriger Luftfeuchtigkeit wieder ab. Es kann sehr sinnvoll sein, die Wand nur bis zur Tür- oder Fensterhöhe zu verkleiden. Dann ist die Wand an der Dusche auch noch ausreichend gegen Spritzwasser geschützt.
Bei der Wahl der Fliesen sollte man sich nach möglichst dünnen Platten umsehen. Bei zu starken Fliesen müßte z. B. die Badewannenverkleidung vorher vom alten Fliesenbelag befreit werden. Weist man beim Kauf der Fliesen den Verkäufer darauf hin, daß Fliese auf Fliese verlegt werden soll, bekommt man sicher das richtige Angebot.
Fliesen sind ein sehr langlebiger Wandbelag. Der Wunsch nach einer Renovierung des Bads entsteht meistens nicht, weil die Fliesen abgenutzt sind, sondern weil sie nicht mehr gefallen, weil sie unmodern geworden sind. Die neuen Fliesen sollten unter dem Gesichtspunkt ausgesucht werden, daß sie auch morgen noch den Ansprüchen gerecht werden.
Die Vorbereitungsarbeiten beginnen mit dem Ausgleich des Übergangs der alten Fliesen zur Wand, wenn das neue Fliesenschild höher sein soll. Tapeten und nicht-

gereinigt werden.

tragende Farbanstriche müssen zuerst restlos beseitigt werden, da auf diesen Flächen weder der Reparaturmörtel noch der Fliesenkleber haften kann. Dann wird der Übergang mit einem Zementmörtel so großflächig ausgeglichen, daß keine Absätze entstehen können.
Der alte Fliesenbelag muß gründlich gereinigt werden. Im Laufe der Jahre hat sich ein Belag aus Seifen- und Kalkrückständen gebildet. Mit einem Scheuermittel wird die Fläche kräftig abgeschrubbt. Die Kalkrückstände können am wirksamsten mit einem Reinigungsessig (Essigessenz) entfernt werden. Starke chemische Mittel sind nicht unbedingt erforderlich.
Um die Haftung des neuen Fliesenbelags noch weiter zu verbessern, kann die Fläche mit Sandpapier angeschliffen werden. Ein kleiner Winkelschleifer leistet hier die besten Dienste. Während dieser Arbeit wird man auch feststellen, wo noch Unebenheiten sind, die ausgebessert werden müssen. Wer ganz sicher gehen will, kann die Glasur der alten Fliesen mit einem Fliesenhammer anpicken.
Statt die alten Fliesen mechanisch anzurauhen, kann man zur Haftverbesserung vor dem eigentlichen Verkleben auch eine hauchdünne Schicht Fliesenkleber aufziehen und trocknen lassen. Darauf werden dann die Fliesen verlegt.
Die Stoßfuge zwischen alten Fliesen und dem Ausgleichsputz der Wand muß mit einer Gewebespachtelung überbrückt werden. Damit werden Rißbildungen in diesem Bereich vermieden.
Die Heizungsnische unter dem Fenster wurde mit einer Konstruktion aus Latten und Gipskartonplatten geschlossen, die Heizung wurde verlegt.

Der Übergang von den alten Fliesen zum neuen Putz wird mit einem Gewebe abgedeckt, das in den Kleber gedrückt wird.

Der Untergrund für die neuen Fliesen ist vorbereitet. Der Verlauf der Bordüre wird auf der Wand angezeichnet.

Der Fliesenkleber wird bei dieser Art des Fliesenverlegens sehr dünn aufgetragen. Entsprechend fein ist die Zahnung des Spachtels.

Die Fliesen *werden wie beim normalen Verlegen in die dünne Kleberschicht gedrückt. Die Verlegefläche muß eben sein.*

Die Maßhaltigkeit *der Horizontale wird während der Arbeit laufend mit der Fliesenhexe kontrolliert.*

Die Bordüre *wird gesetzt, wenn eine Wandhälfte fertig verfliest und die untere Fliesenreihe angezeichnet ist.*

Gebrauchsfertiger Kleber

Die Gipskartonplatten müssen vor dem Verfliesen grundiert werden. Die Fugen zwischen Mauerwerk und den Gipskartonplatten müssen mit einem Armierungsgewebe abgedeckt werden.
Die Verlegefläche muß absolut eben sein, da der Dispersionskleber nur dünn aufgetragen wird und maximal 1 mm Unebenheit ausgeglichen werden kann.
Der Fugenverlauf des alten Fliesenbelags darf für die neuen Fliesen nicht übernommen werden, da es sonst zu Rißbildungen in der Fuge kommen kann. Die Flächen müssen also neu eingeteilt werden, was sich in diesem Beispiel durch das abweichende Fliesenformat sowieso ergibt.
Wenn Senkrechte und Waagerechte stimmen, was mit Senklot und Wasserwaage überprüft wird, kann man sich beim Anzeichnen der Flächen an diesen Linien orientieren. Die Lage der Dekorfliesen und der umlaufenden Bordüre werden angezeichnet.
Für das Verlegen der Wandfliesen wird ein gebrauchsfertiger Dispersionskleber verwendet, d. h., er muß nicht angemischt werden. Der Kleber wird dünn auf der Verlegefläche aufgetragen und gut durchgekämmt. An der oberen Fliesenreihe sollte waagerecht aufgekämmt werden, damit kein Schwitzwasser hinter die Fliesen ziehen kann.
Die umlaufende Bordüre fällt als gestalterisches Element sehr ins Auge. Sie wird aus diesem Grund über die ganze Wandfläche gesetzt, wenn ca. die Hälfte der Wand fertig verfliest ist. Wegen der hier besonders wichtigen Maßhaltigkeit wird mit der Fliesenhexe gearbeitet. Danach verlegt man zuerst den unteren, dann den oberen Teil der Wand. Die Stellen, an

ein Dispersionskleber verwendet.

denen die Dekorfliesen gesetzt werden sollen, werden frei gelassen. Sie werden zum Schluß geklebt.
Die offene Zeit bei diesem Dispersionskleber, d. h. die Zeit, die der Kleber nach dem Aufkämmen feucht bleibt, ist genau wie bei den Klebemörteln 30 Minuten. Trotz sofortiger Haftung der Fliesen sind Korrekturen noch kurze Zeit möglich. Kleberreste müssen sofort mit einem feuchten Tuch abgewischt werden.
Dispersionskleber kann übrigens auch für den Bodenbelag verwendet werden. Zur Erhöhung der Endfestigkeit muß dann allerdings Zement zugesetzt werden.
Die Wandflächen können frühestens nach 48 Stunden verfugt werden.

Das wird beim Verlegen Fliese auf Fliese zusätzlich gebraucht:

Haushaltsreiniger, Scheuermittel und Essigessenz werden zum Reinigen des alten Fliesenbelages in ausreichender Menge bereitgehalten.

Mit einem Einhandwinkelschleifer oder einem Schwingschleifer kann der alte Belag angeschliffen werden, um die Haftung des Untergrundes zu verbessern.

Der Übergang von den alten Fliesen zur Wand wird mit einem Reparaturmörtel, der möglichst schnell trocknen soll, ausgeglichen.

Die Nahtstelle wird mit einem Armierungsgewebe, mit dem auch Wandrisse abgedeckt werden können, abgedeckt und mit Fliesenkleber zugespachtelt.

Fliesenkreuze *sind hilfreich, um eine gleichmäßige Fugenbreite einzuhalten. Die Kreuze bleiben im Kleberbett.*

Die Horizontale *wird mit der Wasserwaage überprüft, bevor der untere Teil der Wand fertig verfliest wird.*

Dekorfliesen *werden zum Schluß gesetzt. Ist der Kleber nicht mehr feucht, wird auf der Fliesenrückseite Kleber aufgetragen.*

Marmor – ein Material

Der Eingangsbereich, die Visitenkarte des Hauses, wirkt großzügig und freundlich. Treppe und Flur wurden mit hellen Natursteinplatten belegt. Der ganze Raum bildet eine Einheit.

für besondere Ansprüche

Marmor und andere Natursteinarten in Plattenform lassen sich genauso einfach verlegen wie keramische Fliesen. Dieses Beispiel zeigt, wie es gemacht wird.

Bei dem Material Marmor denkt man eher an Schlösser und hochherrschaftliche Wohnsitze als an den eigenen Wohnbereich. Auch bei der Verarbeitung von Natursteinen stellt man sich unüberwindliche Schwierigkeiten vor, die man mit den eigenen Kenntnissen und Werkzeugen nicht überwinden kann.
Viele Arten von Natursteinen gibt es heute für den Innen- und Außenbereich in konfektionierten Platten, die sich ähnlich wie normale Fliesen verlegen lassen. Auch die Bearbeitung dieses Naturprodukts ist einfacher, als man denkt. Marmor ist z. B. weicher als die keramischen Fliesen und läßt sich eigentlich besser schneiden, allerdings sind beim Verlegen und Bearbeiten einige Besonderheiten zu beachten.

Die Treppe war bereits mit großformatigen, hellen Natursteinen verkleidet. Der Flur soll mit dem gleichen Material belegt werden.

Natursteine stellen besondere Ansprüche an die Verarbeitung und Verlegung. Hier wird ein weißer Marmorkleber verwendet.

Kleberschichten von 8 mm werden aufgekämmt. In dieses Bett müssen die Platten eingelegt und gut angeklopft werden.

Das Kleberbett muß dicker sein

Natursteinplatten sind unterschiedlich intensiv in Maserung und Färbung und großformatiger. Ein Verlegeplan vor Beginn der Arbeiten ist deshalb noch notwendiger als bei den gleichmäßigen keramischen Fliesen. Auch war die Geschoßtreppe aus dem gleichen Material in diesem Haus bereits fertiggestellt, der Verlauf des Fußbodens sollte damit natürlich harmonieren.

Die Platten werden abschnittweise trocken auf dem Boden ausgelegt, um so einen Gesamteindruck von der Fläche zu bekommen. Dann entscheidet man, wie verlegt werden soll. Die einfachste Technik ist, im Versatz zu legen. Dabei liegen die kurzen Seiten der Platten nicht parallel zueinander, sondern versetzt. Bei dieser Technik kann man Anschnitte einfacher anpassen und hat weniger Verschnitt.

Eine genaue Planung des Arbeitsablaufs ist auch schon deswegen wichtig, weil hier der Eingangsbereich des Hauses mit Marmor belegt werden soll. Die Fläche darf zwei Tage nach dem Verlegen nicht begangen werden, und da kann es schon unangenehm werden, wenn man an der falschen Ecke beginnt und das Haus nicht mehr betreten kann.

Im Mittelbettverfahren, mit einem Mörtelbett ab 5 mm, wird der Kleber wesentlich dicker aufgetragen, was bei der Bedarfsberechnung natürlich berücksichtigt werden muß. Der Verbrauch kann bis zu dreimal so hoch sein wie bei einer normalen Fliese. Die Zahnung der Zahnkelle und des Zahnspachtels ist hier 8 mm.

Nur der helle Marmorkleber und das dickere Kleberbett verhindern ein Durchscheinen und damit Verfärben dieses Natursteins. Bei ganz hellem Marmor muß

im Butteringfloatingverfahren gearbeitet werden, d. h., daß der Kleber sowohl auf den Untergrund als auch auf der Rückseite der Platte aufgetragen wird. Das kostet Zeit und muß bei der Fläche, die man in einem Arbeitsgang belegen will, berücksichtigt werden. Auch der größere Kleberverbrauch muß berechnet werden.
Das Arbeiten in kleinen Abschnitten gewährleistet auch, daß die Platten immer in ein geschmeidiges, feuchtes Kleberbett eingelegt werden. Nur so ist eine absolut vollflächige, hohlraumfreie Verklebung gesichert.
Die Platten werden in das Kleberbett geschoben und gedrückt. Mit einem Gummihammer werden sie zusätzlich leicht angeklopft und dabei kontrolliert, daß die Fläche ganz eben wird. Natursteinplatten haben keine gerundeten, sondern geschnittene Kanten. Verlegefehler würden hier sofort ins Auge fallen. Die einzelnen Arbeitsabschnitte werden immer wieder mit der Wasserwaage und der Richtschnur überprüft. Nach der Fertigstellung eines Abschnitts wird nochmals das Gesamtbild der Fläche in Augenschein genommen und eventuell korrigiert.
Die Sockelfliesen werden im Butteringverfahren angesetzt. Der Kleber wird vollflächig auf der Rückseite des Sockels aufgetragen und die Sockelplatte eingepaßt. Auch hier wird mit dem Gummihammer leicht angeklopft. Für die Dehnungsfuge zwischen Wand und Fußboden kann man eine dünne Holzleiste oder einen Styroporstreifen in den Ecken an der Wand als Abstandshalter einlegen. Diese Fuge wird dann später dauerelastisch und wasserundurchlässig abgedichtet. Die Verlegearbeiten sind abgeschlossen.

Zuschneiden und Anpassen dieser 2 cm starken Platten ist nur mit einem Winkelschleifer oder einer Steinsäge möglich.

Buttering bedeutet, daß der Klebemörtel auf die Platte gekämmt wird. Die Sockelplatten werden in diesem Verfahren angesetzt.

Die Sockelplatten müssen sehr genau eingepaßt werden, da bei diesem Material mit engen Fugen gearbeitet wird.

Der Eingangsbereich und die Treppe bilden jetzt durch den gleichen Bodenbelag eine Einheit. In zwei Tagen kann verfugt werden.

Fugen müssen immer diagonal zu ihrem Verlauf eingeschlämmt werden. Die Schlämme wird mit dem Gummischieber eingearbeitet.

Feuchtigkeit nimmt der in die Fugen gestreute Trockenmörtel auf. Damit wird eine gleichmäßige Färbung der Fuge erreicht.

Schmale oder breite Fugen

Die Marmorplatten, mit denen dieses Treppenhaus ausgelegt wurde, sind an der Oberfläche versiegelt. Die Flächen können also auf die herkömmliche Art verfugt, d. h. geschlämmt werden.
Bei der Breite der Fugen sagt man allgemein: große Fliesen, große Fugen. Bei Natursteinplatten ist auch das anders. Diese Platten werden nicht einzeln gebrannt, sondern aus Blöcken gesägt und in Plattenform geschnitten. Sie sind also immer 100%ig maßhaltig und scharfkantig. Sie könnten sogar auf Stoß verlegt werden. In diesem Beispiel wurden die Platten mit einer Fuge verlegt.
Zwei Tage muß man warten, bis mit dem Verfugen begonnen werden kann. Der Fugenmörtel wird nach der Verpackungsangabe zu einer schlämmbaren Masse angemischt und nach der Reifezeit auf der Fläche ausgegossen. Auch hier wieder nur in kleinen Abschnitten arbeiten, denn die Fugen müssen gründlich gefüllt werden. Diagonal zum Fugenverlauf wird der Füller durch Hinundherwischen mit dem Gummischieber in die Fugen eingearbeitet. Um überschüssige Feuchtigkeit auf der ganzen Fläche zu binden, wird der Abschnitt unmittelbar nach dem Schlämmen mit trockenem Fugenmörtel abgestreut. Dadurch vermeidet man, daß die Fugen ungleichmäßig trocknen und Farbschattierungen auftreten.
Nach wenigen Minuten wird das ausgestreute Material mit dem Gummischieber zusammengeschoben. Die ausgeschlämmten Fliesen werden dabei schon vorgereinigt. Nie den trockenen Mörtel mit einem Besen abfegen, weil dabei Fugenfüller aus den Fugen gekratzt werden würde.
Die Sockelfliesen werden zum Schluß mit

einem Spachtel, Fugengummi oder per Hand verfugt, um Wandverschmutzungen zu vermeiden.
Die vorgereinigte Fläche wird dann am besten mit dem feuchten Schwammbrett gereinigt. Letzte Mörtelreste werden unter gleichmäßigem Druck gut in die Fugen eingebracht. Der fertige Belag wird zum Schluß mit einem trockenen, weichen Tuch gut nachpoliert.

Worauf man bei Natursteinplatten achten muß

Wenn Natursteinplatten verlegt werden sollen, muß man beim Kauf erfragen, ob das Material versiegelt, poliert oder in einer anderen Weise oberflächenbehandelt ist. Danach richtet sich die Technik des Verfugens. Wenn die Platten unbehandelt, also offenporig sind, dürfen diese nicht geschlämmt, d. h. herkömmlich verfugt werden. Man arbeitet dann mit dem Fugeisen Fuge für Fuge.
Natursteinplatten sind für den Boden ca. 2 cm stark. Sie lassen sich also mit den herkömmlichen Fliesenschneidewerkzeugen nicht bearbeiten. Winkelschleifer und Steinsäge sind eventuell notwendig. Marmor wiederum ist sehr weich im Vergleich zu keramischen Fliesen. Ausschnitte und Aussparungen lassen sich mit der Spezialsäge schneiden.
Heller Marmor kann leicht transparent sein. Hohlstellen im Kleberbett und dunkler Klebemörtel würden durchscheinen. Es werden aus diesem Grund spezielle weiße Kleber für Marmor angeboten.

Gummischieber sind ideal zum Abziehen des trockenen Materials bei der Reinigung. Mörtel wird dabei noch in die Fugen gedrückt.

Das Schwammbrett mit seiner großen Grundplatte leistet bei der anschließenden Feinreinigung die beste Arbeit.

Nachpolieren mit einem weichen, trockenen Tuch, und die Halle erstrahlt im neuen Glanz. Das Ergebnis kann sich sehen lassen.

Badewanne

Immer mehr werden auch schwierige Fliesenlegerarbeiten von Heimwerkern ausgeführt. Und die Ergebnisse können sich sehen lassen, wie diese eingebaute Dusche und die Badewanne zeigen.

und Duschtasse einbauen

Bei der Modernisierung des Bades werden Dusche und Badewanne eingebaut und mit den Wandfliesen verkleidet. Wie einfach das ist, wird hier gezeigt.

Das Erstellen des Fundaments für die Dusche und die Badewanne ist die erste Arbeit, bevor man mit dem Einbau der Sanitärelemente beginnen kann. Mit einer normalen Handsäge können die Porenbetonsteine zugeschnitten werden. Es gibt sie in verschiedenen Abmessungen und Stärken. Zuerst werden die Steine nach dem Zuschneiden trocken aufgebaut, um das Maß zu kontrollieren und eventuell nachzuarbeiten.

Für den Einbau der Dusche in der Nische wird zunächst an der hinteren Wand ein Porenbetonstein zur Höhennivellierung angebracht. Dann wird die Dusche in die Nische eingeschoben, mit der Wasserwaage ausgerichtet und seitlich unterfüttert. Danach wird die vordere Untermauerung eingeklebt. Die horizontale Ausrichtung wird nochmals mit der Wasserwaage kontrolliert, leichte Korrekturen sind dann noch möglich.

Der Umbau der Badewanne ist etwas einfacher, da die Wanne auf festen Füßen steht und vor Beginn der Arbeit ausgerichtet wird. Die zugeschnittenen Steine werden senkrecht auf das Mörtelbett gesetzt und mit dem Gummihammer festgeklopft. Verschiebungen in Längsrichtung vermeiden. Der Kleber ist für maximal 2 – 3 Planblocklängen, gleichmäßig ca. 5 cm dick aufgekämmt, aufzutragen.

Auf den glatten Seiten der Planbausteine kann der Fliesenkleber ohne Vorbehandlung des Untergrundes direkt aufgekämmt

Podeste verfliest man von unten beginnend. Links und rechts wird eine Fliesenlegerecke angesetzt und eine Richtschnur gespannt.

Anschnitte in Ecken müssen sehr genau ausgemessen werden. Hier empfiehlt es sich, mit einem Richtwinkel zu arbeiten.

Im Sanitärbereich ist es wichtig, wasserundurchlässige und flexible Klebemörtel zu verwenden.

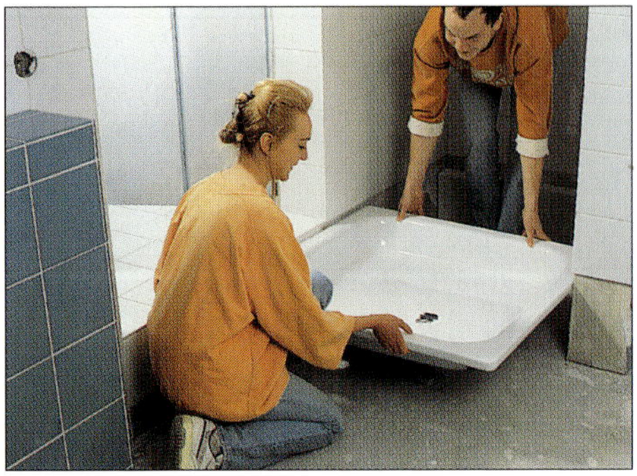

Die Duschwanne *wird zunächst an der hinteren Wand aufgelegt und mit Hilfe der Wasserwaage ins Lot gebracht.*

Die Untermauerung *aus Porenbetonstein ist mit Fliesenkleber oder einem Porenbetonkleber unter der Wanne schnell fixiert.*

Wasserwaage *ansetzen und nochmals die horizontale Lage der Wanne prüfen. Noch kann korrigiert werden.*

werden. Sowohl beim Sockel der Dusche als auch beim Wannenumbau muß auf den Fugenverlauf der Wand geachtet werden, bevor die Fliesen zugeschnitten und angesetzt werden. Das Podest, das durch den Einbau der Dusche entstanden ist, wird zuerst an der senkrechten, dann auf der waagerechten Fläche verfliest. Während der Arbeit wird mit Wasserwaage, Richtschnur und Richtwinkel nachgemessen.

Unterbau auf Maß aus Porenbeton oder fertig gekauft

Porenbeton ist ein Baustoff mit vielen Vorteilen. Er ist sehr leicht, mit normalen Werkzeugen einfach zu bearbeiten und hat gute Wärmedämmeigenschaften, was besonders im Bereich der Badewanne sehr wichtig ist. Man bekommt ihn in verschiedenen Abmessungen. Die Planbausteine sind rechtwinklig und absolut eben. Ein Verputzen der Oberfläche ist nicht notwendig. Außerdem kann er mit dem Fliesenkleber notfalls verbunden werden, besser jedoch mit einem speziellen Mörtel für Porenbeton. Unterbau der Dusche und Umbau der Badewanne sind kein Problem mit diesem Material.
Eine gute, allerdings auch etwas teurere Alternative sind fertige Bade- und Duschwannenträger aus Hartschaum. Man kann sie gleich beim Kauf der Wannen mitbestellen und ist dann sicher, die richtige Größe zu haben. Die Wärmedämmeigenschaften sind noch besser, die Schallisolierung ist optimal. Sie können auch wie eine Wand verfliest werden.

auf Maß angefertigt werden.

Paßstücke *werden so zugeschnitten, daß sie mit dem Fugenraster des Wand- und Bodenbelags übereinstimmen.*

Badewannen *müssen schon wegen der Optik verkleidet werden. Hier werden Porenbeton-Planelemente verwendet.*

Planelemente *können mit einfachen Werkzeugen auf Maß zugeschnitten und mit Porenbetonkleber verbunden werden.*

Die Verkleidung *springt etwa 10 mm zurück, damit der fertige Fliesenbelag später mit der Wanne abschließt.*

Dehnungsfugen *werden beim Verfliesen der Badewannenumrandung berücksichtigt. Der Fugenverlauf stimmt mit der Wand überein.*

Die Badewanne *ist umrandet und fertig verfliest. Nach einer Ruhezeit von 2 Tagen kann mit dem Verfugen begonnen werden.*

Ideale Wärmequelle

m Bad – Fußbodenheizung

Es ist wirklich ein Grund zum Feiern, wenn das Badezimmer nach eigenen Ideen und Vorstellungen gestaltet und ausgebaut wurde. Und gemütlich warm wird es durch die Fußbodenheizung.

Im Badezimmer kommen alle Vorteile einer Fußbodenheizung voll zur Geltung – eine gleichmäßige Raumtemperatur und immer warme Füße.

Das Badezimmer ist von seiner Grundrißplanung wie auch von der Ausführung gelungen. Die Dusche wurde als Nische gebaut, so ist nur eine Tür als Abtrennung zum Bad notwendig. Der Vorsprung der Vorwandinstallation am Waschbecken wird als Ablage genutzt. Die Badewanne steht frei im Raum.

Mit Farben wurde bei den Fliesen sehr sparsam umgegangen. Nur der Sockel und die Flächen der Sanitärelemente wurden blau abgesetzt. Alle anderen Flächen gestalten den Raum mit den weißen Fliesen hell und freundlich. Durch die aufgehängten Sanitärelemente und die frei stehende Badewanne ist dieser Raum auch leicht zu pflegen.

Die Entscheidung für eine Fußbodenheizung fiel eigentlich sehr leicht. Zusätzliche Heizkörper wären nicht sehr dekorativ. Gerade im Badezimmer können alle Vorteile der Fußbodenheizung genutzt werden. Der Raum soll den ganzen Tag über wohlig warm sein, denn nach dem Sport und schweißtreibender Gartenarbeit geht man gern unter die Dusche. Der Fußboden wird häufig mit bloßen Füßen betreten, da ist die gleichbleibende Wärme der Fliesen besonders angenehm. Die Fensterfläche ist in diesem Badezimmer nicht sehr groß, so daß man Zugluft nicht befürchten muß. Ein Heizkörper wurde dennoch im Raum installiert. Er dient als Handtuchhalter, denn es gibt nichts Schöneres als warme Handtücher nach einem Bad.

Abfegen und Reinigen des Fußbodens, eventuell mit einem Staubsauger, ist eine wichtige Arbeit vor dem Aufzeichnen der Abschnitte.

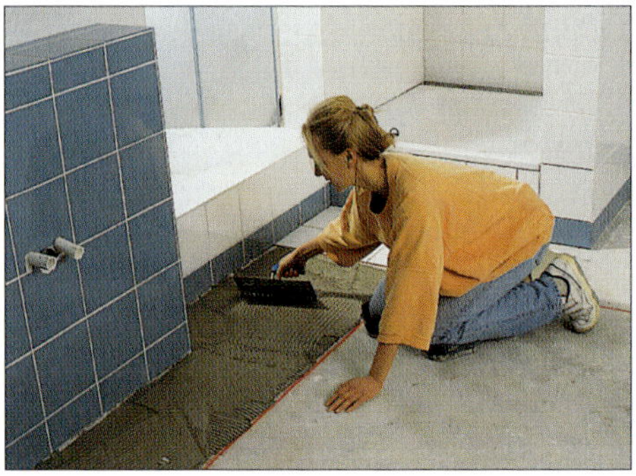

Aufkämmen des elastischen Fliesenklebers an Stellen mit Sockeln und Vorsprüngen, immer in kleineren Abschnitten.

Fliesen aus den verschiedenen Paketen werden vor dem Auslegen gemischt, um Maßtoleranzen und Farbnuancen auszugleichen.

Die Heizung vorher abstellen

Mit dem Belegen des Heizestrichs mit Bodenplatten muß man etwas Geduld haben. Mindestens vier, besser noch sechs Wochen sollte der Estrich alt sein, bevor mit demVerfliesen begonnen werden kann. Inzwischen können die Wände des Badezimmers verfliest werden. Die Heizung muß wenigstens einen Tag vorher ausgeschaltet werden. In der Wartezeit kann der Fußboden vermessen, die Hilfslinien können eingezeichnet und die Arbeitsabschnitte eingeteilt werden.
An den Fliesenkleber werden besondere Anforderungen gestellt. Im Badezimmer muß er, besonders am Fußboden, wassersperrend sein. Hinzu kommen die Temperaturschwankungen durch die Fußbodenheizung.
Der Kleber, der hier verwendet wurde, besteht aus zwei Komponenten, die in einem Gebinde geliefert werden. Man kann auch einen normalen Kleber nehmen und eine Emulsion einmischen, die Elastizität und Wasserfestigkeit verbessert. Die beiden Komponenten sind gründlich und knollenfrei zu vermischen, am besten mit einem Rührquirl auf einer Bohrmaschine. Die flüssige Komponente ersetzt hier das Anmachwasser. Nach einer Reifezeit von ca. 5 bis 10 Minuten wird der Kleber nochmals kräftig durchgemischt.
Der Klebemörtel wird auf dem Fußboden mit einer Zahnkelle mit 6 bis 8 mm Zahnung aufgetragen und gut durchgekämmt. Kleberstege müssen gleichmäßig und voll auf der ganzen Fläche sein. Der Bodenbelag im Bad soll eine wassersperrende Wirkung haben, deshalb ist auf ein geschlossenes Kleberbett zu achten. Es wird immer nur so viel Kleber aufgetragen, wie in der offenen Zeit verlegt und

sehr flexibler Fliesenkleber gebraucht.

korrigiert werden kann. Die Fliesen schiebend und drückend in das Bett einlegen und mit dem Gummihammer leicht angeklopfen. Während der Verlegearbeit immer wieder die Maßhaltigkeit der Oberfläche und der Fliesen zueinander prüfen. Richtwinkel, Fliesenlegerecken und Richtschnur sind hierbei gute Hilfsmittel. Auch bei Verwendung von Fliesenkreuzen muß nachgemessen werden, denn die Fliesen sind nicht immer 100%ig maßhaltig, und selbst kleine Differenzen können sich summieren. In den Ecken ist der Fugenverlauf von Wand- zu Bodenfliese zu beachten.
Während der Arbeit werden die Mörtelreste auf der Oberfläche gleich entfernt. Um eine gleichmäßige Fugentiefe zu erhalten, werden die Fugen während der Verlegearbeit mit einem Holzspachtel ausgekratzt.

Der Fliesenkleber für die Verlegung auf Heizestrich besteht aus zwei Komponenten, die gut miteinander vermischt werden müssen.

__Maßlinien__ über die gesamte Fläche teilen den Boden in kleine Arbeitsabschnitte ein. Entlang der Linien werden die Fliesen verlegt.

__Nachgemessen__ und kontrolliert wird an Stellen, an denen Boden- und Wandfliesen zusammentreffen, lieber einmal mehr.

__Die Oberfläche__ und die Lage der Fliesen zueinander können in der offenen Zeit von 30 Minuten noch ausgeglichen werden.

Die Hilfslinien als Bezugspunkte für die Verlegung und die Einteilung der Arbeitsabschnitte sind hier besonders deutlich zu erkennen.

Der Fußboden ist fertig verfliest und wird jetzt noch einmal mit einem Schwammbrett gründlich von Kleberresten gereinigt.

Schlämmbar muß die Konsistenz des Fugenmörtels sein, damit zügiges Arbeiten möglich ist und alle Fugen gut gefüllt werden.

Wassersperrende Oberfläche

Untergründe arbeiten bei thermischen Schwankungen. Das gilt natürlich ganz besonders bei Fußbodenheizungen. Die gleichen hohen Anforderungen, die an den Fliesenkleber gestellt werden, muß natürlich auch der Fugenmörtel erfüllen. Der hier verwendete Fugenfüller ist wasserundurchlässig und flexibel.
Nach drei Tagen kann mit dem Verfugen begonnen werden. Der Fliesenkleber muß gut durchgetrocknet sein. Vor dem Ausfugen wird geprüft, ob die Fugen vollständig ausgekratzt sind. Eine gleichmäßige Farbe der Fuge wird nur durch gleichmäßiges Austrocknen und einheitliche Fugentiefe erreicht.
Der Mörtel wird in einer gut schlämmbaren Konsistenz angerührt und abschnittweise auf den Fliesen ausgegossen. Diagonal zur Fugenrichtung wird der Mörtel mit dem Gummischieber in die Fugen eingearbeitet. Trockener Fugenmörtel wird

Feuchtigkeit im Badezimmer und die Temperaturen der Fußbodenheizung erfordern einen speziellen Fugenmörtel.

danach auf den Fugen verstreut, und nach wenigen Minuten wird der Boden mit dem Gummischieber grob gereinigt. Der trockene Fugenmörtel kann für den nächsten Arbeitsabschnitt wieder verwendet werden. Bei der Feinreinigung mit einem feuchten Schwammbrett wird der restliche Mörtel in die Fugen gedrückt. Den letzten Schliff erhält die Fläche durch ein Nachpolieren mit einem trockenen Tuch.

Argumente für und wider die Fußbodenheizung

Die Vorteile des Heizestrichs:
Die Luftumwälzung ist gering, die Wärmeverteilung ist gleichmäßig, es zieht dadurch nicht. Der Fußboden ist immer warm, man bekommt auch ohne Schuhe keine kalten Füße. Die Raumtemperatur ist konstant. Keramische Bodenbeläge leiten die Wärme gut. Heizkörper werden nicht benötigt, können aber mit der Fußbodenheizung kombiniert werden. Aufgrund der niedrigen Betriebstemperatur von 45 °C kann sie mit einer Niedertemperaturheizungsanlage betrieben werden.
Es gibt leider auch Nachteile:
Nachträglicher Einbau ist schwierig und teuer. Der Fußboden wird mindestens 3 cm höher. An großen Fensterflächen kann Zugluft auftreten. Sie ist ungeeignet für Räume, die wenig genutzt werden, weil sie mit niedrigen Temperaturen arbeitet und sehr träge ist. Textile Bodenbeläge erschweren die Wärmeabgabe. Reparaturen sind aufwendig, weil der Fußboden geöffnet werden muß.

***Feuchtigkeit** aus den Fugen wird gleichmäßig vom ausgestreuten Fugenmörtel aufgenommen, der nach kurzer Zeit abgeschoben wird.*

***Das Schwammbrett** drückt noch verbliebene Mörtelreste beim Reinigen in die Fugen. Das Brett soll feucht, aber nicht naß sein.*

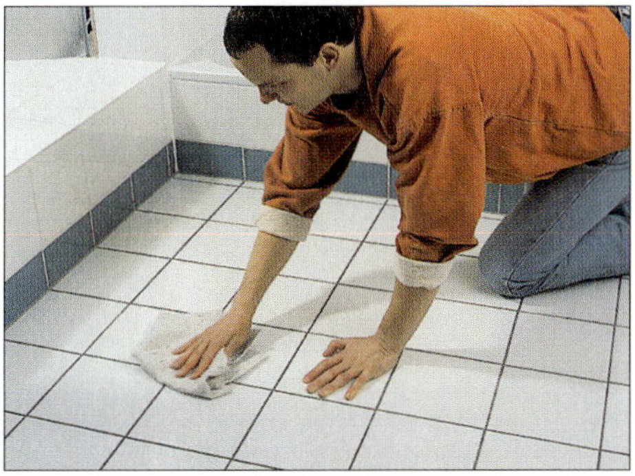

***Die Fugen** der Bodenfliesen setzen sich in den Sockelfliesen fort. Das Ergebnis einer fachgerechten Arbeit wird jetzt nachpoliert.*

Fliesen in der Garage –

pflegeleicht und belastbar

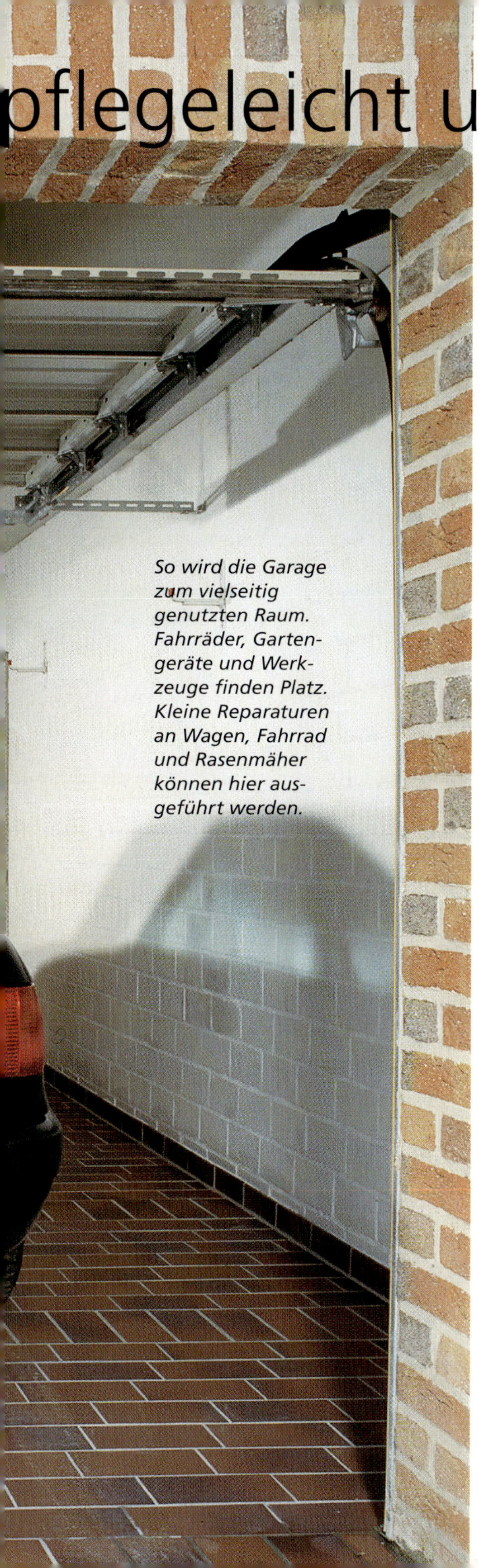

So wird die Garage zum vielseitig genutzten Raum. Fahrräder, Gartengeräte und Werkzeuge finden Platz. Kleine Reparaturen an Wagen, Fahrrad und Rasenmäher können hier ausgeführt werden.

Fliesen auf dem Garagenboden sind keinesfalls eine übertriebene Maßnahme. Dieser Bodenbelag ist belastbar, langlebig und leicht zu reinigen.

Das Problem ist bekannt. Der Estrich des alten Garagenbodens ist bröselig geworden. Dort, wo die vier Reifen des Wagens stehen, sind Löcher im Boden. Bei Regen und Schnee bilden sich kleine Pfützen. Der Anstrich mit Betonfarbe hält auf diesem Untergrund auch nicht lange. Wenn man die Garage ausfegt, steht man in einer Staubwolke, ohne den Schmutz richtig beseitigt zu haben.

Eine wirklich langfristige Lösung dieses Problems kann man erreichen, wenn man die Garage mit Fliesen auslegt. Das ist zwar im Augenblick aufwendiger, als den alten Boden auszubessern und mit einem neuen Anstrich zu versehen, aber es lohnt sich auf die Dauer.

Fliesen sind teurer als Betonfarbe. Das ist zwar richtig, wenn man aber bedenkt, daß die auch nicht gerade billige Betonfarbe häufig erneuert werden muß, kann die einfache Lösung sogar teurer werden. Sehr häufig werden in den Baumärkten preiswerte Fliesen angeboten, die für diesen Zweck ideal sind.

Der Arbeitsaufwand ist auf lange Sicht erheblich geringer. Der Fliesenboden ist langlebiger. Die laufende Reinigung der Garage von Staub, Laub, Regen und im Winter Schneematsch ist weniger zeitaufwendig. Ölflecken vom Fahrzeug und von der Rasenmäherreparatur lassen sich leicht entfernen. Man gewinnt einen Raum, den man gern als kleine Werkstatt zusätzlich nutzt.

***Die Spaltplatten** werden zur Probe ausgelegt. Das ist in diesem Fall besonders wichtig, da die Fliesen im Verband verlegt werden sollen.*

***Aufziehen** des Klebers vollflächig im Mittelbettverfahren. Die Zahnkelle hat eine Zahnung von 8 mm.*

***Die Fliesenhexe,** zwei Fliesenlegerecken verbunden mit einer Richtschnur, wird zwischen der ersten und der letzten Fliese gespannt.*

Die Wahl der richtigen Fliese

Spaltplatten sind sehr hart und druckunempfindlich. Durch ihre dichte Struktur sind sie wasserundurchlässig und daher frostsicher. Es gibt sie glasiert oder unglasiert. Für die Garage kommen nur unglasierte Steinzeugfliesen in Frage. Eine Glasur wäre in kürzester Zeit beschädigt und abgerieben. Mit dem Wagen wird Sand und Schmutz in die Garage getragen. Die Reifen würden beim Abbremsen und Anfahren wie Schmirgelpapier auf die Oberfläche einwirken.
Es ist kaum zu vermeiden, daß der Garagenboden durch das regennasse Fahrzeug feucht wird. Im Winter taut der Schneematsch aus den Radkästen. Glasierte Flächen würden unter diesen Bedingungen sehr rutschig werden.
Wenn die Garage nicht beheizt wird, was ja heute meistens der Fall ist, müssen die Fliesen natürlich vom Material her frostsicher sein und auch frostsicher verlegt werden. Das muß auch bei der Vorbereitung des Untergrundes bedacht werden. Bei der Größe der zu verfliesenden Fläche und wegen der hohen Temperaturschwankungen sind beim Verlegen Dehnungsfugen einzuplanen, die später dauerelastisch ausgefüllt werden.
Wird eine Neubaugarage mit Fliesen belegt, macht der Untergrund keine Probleme. Alter, schadhafter Betonboden muß gut vorbereitet werden. Lose Betonfarbe muß mit dem Spachtel abgekratzt werden. Löcher müssen mit Reparaturmörtel ausgebessert werden, damit eine ebene Fläche entsteht. Eine Grundierung in Form einer Emulsion bindet den Staub und verbessert die Haftung des Fliesenbelags auf dem Untergrund.
Idealerweise sollte der Garagenboden ein

leichtes Gefälle zum Tor haben, damit abtropfendes Regenwasser und tauender Schnee nicht auf dem Boden stehen bleiben. Eine selbstverlaufende Ausgleichsmasse, die auf dem gesamten Boden ausgegossen und leicht verteilt wird, kann hier Abhilfe schaffen.

Die Garage wird ausgemessen und danach ein Verlegeplan gezeichnet. Die Dehnungsfugen werden eingezeichnet. Der Verlauf des Fliesenverbandes wird vorher genau errechnet, um ein gleichmäßiges Verlegemuster zu erhalten. Die einzelnen Arbeitsabschnitte werden eingeteilt.

Der Verlegeplan wird jetzt mit Hilfe der Richtschnur auf den Garagenboden übertragen. Es werden sowohl in Längsrichtung als auch quer Hilfslinien auf dem Garagenboden aufgezeichnet. Der Verlauf des Verlegemusters wird markiert, ebenso die Lage der Dehnungsfugen.

Bei der hohen Belastung auf einem Garagenboden müssen die Platten mit dem richtigen Kleber verlegt werden.

Fugenabstände zwischen den einzelnen Fliesen werden durch die Fliesenkreuze ganz genau eingehalten.

Anschnittfliesen werden abschnittweise ausgemessen und mit einem Bleistift auf der Oberseite angezeichnet.

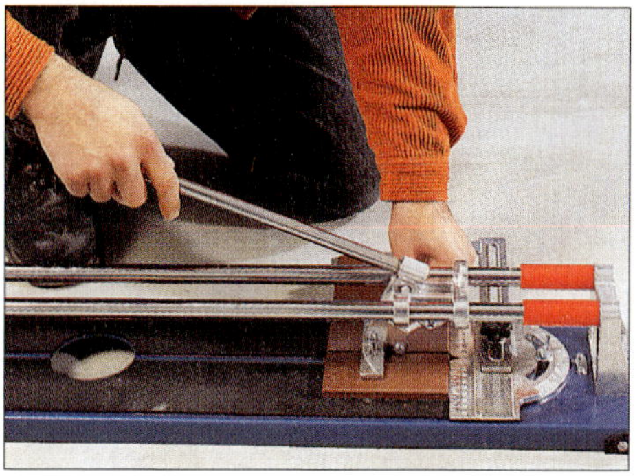

Der Fliesenschneider ist unentbehrlich beim Verlegen großer Flächen. Die Fliesen werden exakt angeritzt und gebrochen.

Die Fliesen werden im Verband verlegt. Die erste Reihe wird längs zur Wand, die zweite zur Hälfte versetzt zueinander verlegt.

Vollflächig und feucht muß das Kleberbett sein, um eine 100%ig hohlraumfreie Verklebung zu gewährleisten.

Abschnittweise wird der Kleber auf den Boden aufgetragen, immer so viel, wie in der offenen Zeit verlegt werden kann.

Schiffsverband in der Garage

Der Kleber kann nach diesen Vorbereitungsarbeiten angemischt werden. Es wird so viel Kleber angemischt, wie in der Verarbeitungszeit von 2 Stunden verbraucht werden kann. Dabei sind die Angaben auf der Verpackung zu beachten. Jeder Kleber braucht nach dem Anmachen eine Reifezeit von ca. 15 Minuten, um seine volle Wirksamkeit zu entfalten. Danach wird er nochmals kräftig mit dem Rührquirl durchgemischt.

Im Mittelbettverfahren wird der Kleber dicker aufgekämmt. Der Spachtel hat eine Zahnung von 8 mm. Damit können kleine Unebenheiten ausgeglichen werden, ohne daß die Fliese hohl liegt oder direkten Kontakt zum Untergrund hat. Wenn der Fliesenrücken stark strukturiert ist, muß zusätzlich auf der Rückseite der Fliese Kleber dünn und vollflächig aufgetragen werden. Bei der hohen Druckbelastung in der Garage muß eine 100%ig hohlraumfreie Verlegung gewährleistet sein, die Fliesen würden sonst brechen.

Die Anfangs- und Endfliese werden in das feuchte Kleberbett gedrückt und mit der Fliesenhexe verbunden. An der Richtschnur entlang wird die erste Reihe längs zur Wand verlegt. Die folgenden Reihen werden im Schiffsverband, d. h. immer zur Hälfte versetzt zueinander, verlegt. Mit dem Gummihammer wird jede Fliese leicht festgeklopft.

Abschnittweise werden mit der Richtschnur und der Wasserwaage die Lage der Fliesen zueinander und die Waagerechte überprüft, um in der offenen Zeit korrigieren zu können. Auch bei der Verwendung von Fliesenkreuzen muß die Ausrichtung mit der Richtschnur überprüft werden, da nicht alle Fliesen absolut gleich groß sind.

Die Sockelfliesen werden im Butteringverfahren angesetzt. Der Fliesenkleber wird nur auf der Rückseite der Fliese vollflächig aufgekämmt. Um eine gleichmäßige Dehnungsfuge zwischen Wand und Boden einzuhalten, wird eine entsprechend dicke Holzleiste auf den Boden gelegt und die Sockelfliese bündig auf diesem Abstandshalter angelegt und leicht mit dem Gummihammer festgeklopft. Fertig.

Einkaufsberater Fliesen, Kleber und Werkzeug

Die Fliesen für den Garagenboden müssen nicht erste Wahl sein. Viel wichtiger ist, daß sie für diesen Einsatz geeignet sind. Fliesen zweiter oder dritter Wahl unterscheiden sich nur durch Abmessungstoleranzen, leichte Farb- oder Oberflächenfehler, die auf dem Garagenboden keine große Rolle spielen. Sie sind aber erheblich billiger, was bei der großen Fläche viel ausmachen kann. Für wenig Geld bekommt man häufig auch Restmengen oder angebrochene Verpackungseinheiten.

Der Kleberverbrauch beim Mittelbettverfahren ist erheblich größer. Das muß beim Einkauf berücksichtigt werden. Auf den Verpackungen ist der Verbrauch pro m² bei Verwendung unterschiedlich starker Zahnspachtel angegeben.

Die Spaltplatten sind dicker und härter als normale Wandfliesen. Beim Kauf des Fliesenschneiders muß das berücksichtigt werden, denn nur mit einem starken Gerät können diese Fliesen geschnitten werden.

Die Richtschnur *wird während der Arbeit zur Kontrolle der einzelnen Arbeitsabschnitte gespannt und dann sofort korrigiert.*

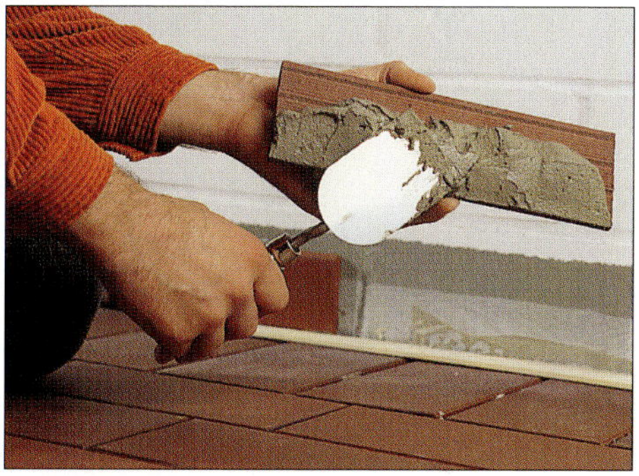

Die Sockelfliesen *werden im Butteringverfahren angesetzt. Der Klebemörtel wird auf der Rückseite der Fliese aufgetragen.*

Abstandshalter *für die Sockelfliese ist hier eine schmale Holzleiste. Dadurch wird eine gleichmäßige Anschlußfuge erreicht.*

Einladender Aufgang – die

Der natürliche Holzton der Eingangstür und das matte Rot der unglasierten Steinzeugplatten harmonieren gut.

Treppe aus Steinzeugfliesen

Das warme Rot des mit Klinker gepflasterten Hofs setzt sich in der Treppe fort. Die unglasierten Fliesen bilden einen stabilen und rutschsicheren Belag.

Jeder, der dieses Haus betritt, wird über die Eingangstreppe kommen. Die Kinder laufen mit matschigen Gummistiefeln auf der Treppe, der Spediteur stellt die bestellte Waschmaschine erst einmal auf dem Podest ab. Das Wetter ist in unseren Breiten auch nicht immer freundlich. Pralle Sonne, Regen, Schnee und Frost wechseln sich ab. Das alles soll die Treppe über Jahre hinaus schadlos überstehen. Der Belag hat einiges auszuhalten.
Bei einer Außentreppe ist auf jeden Fall zu unglasiertem Steinzeug zu raten. Die Stufen sind auch bei Nässe rutschsicher. Eine glasierte Oberfläche wäre durch diese starke Beanspruchung nach einiger Zeit abgerieben und würde nicht mehr gut aussehen. Steinzeugplatten sind härter als Stahl und somit druckunempfindlich. Weil sie keine Feuchtigkeit aufnehmen, sind sie auch frostsicher.
Der Unterbau der Treppe muß diesen Belastungen standhalten. Bei einem Neubau ist das sicher kein Problem. Wird eine Treppe renoviert, sind Reparaturen am Unterbau meistens notwendig. Auf jeden Fall ist darauf zu achten, daß die Flächen ein leichtes Gefälle von 2 % haben, damit Wasser nicht stehen bleiben kann. Das würde im Winter eine Rutschbahn aus der Treppe machen.
Es sieht nicht ganz einfach aus, so eine Treppe selber zu verlegen. Mit dem richtigen Material und Werkzeug und einigen Tips geht aber auch das.

Die Eingangstreppe im Rohzustand. Hier ist genaues Planen, Messen und Berechnen der Fliesen sehr wichtig.

Die Stufenplatten werden zur Probe trocken aufgelegt, um Verband und Zuschnitt sichtbar zu machen.

Ecken werden mit dem Zollstock und der Wasserwaage genau ausgemessen. Die Platten sollen hier auf Gehrung gelegt werden.

Mit Ecken und Kanten

Bevor die Fliesen gekauft werden, muß der genaue Bedarf berechnet werden. Jede Stufe wird einzeln ausgemessen. Stufenplatten, Sockelfliesen und die großen Platten, mit denen das Podest belegt ist, werden gezählt. Da die Flächen relativ klein sind, ist mit einem Verschnitt von 30% zu rechnen. Einige Hersteller bieten speziell für Treppen Platten mit Trittkanten, Eckplatten und Sockelplatten an. Das spart Arbeit beim Zuschneiden, und die gerundeten Treppenplatten platzen auch nicht so schnell ab.
Die Klebermenge, die einzukaufen ist, richtet sich nach der Zahnung des Spachtels, mit dem der Kleber aufgetragen wird. Das wird im Außenbereich und bei der Größe der Platten 8 mm sein. Wenn im kombinierten Verfahren verlegt werden soll, erhöht sich der Kleberbedarf nochmals. Da hier der einzige Zugang zum Haus verfliest wird, ist es sinnvoll, mit einem Schnellkleber zu arbeiten. Die Stufen können dann nach einer kurzen Aushärtezeit von zwei Stunden wieder betreten werden.
Die Form der Treppe ist nicht ganz einfach. Aus diesem Grund werden die ganzen Platten erst einmal trocken ausgelegt, um Verband und Zuschnitt sichtbar zu machen. Die Fugenbreite, in der später verlegt werden soll, wird dabei berücksichtigt. Nach diesem Verlegemuster werden die Anschnittfliesen vermessen und angezeichnet. Besonders an den Ecken muß sehr genau gemessen werden, denn die fallen im Gesamtbild sehr ins Auge, und eine zu breite oder zu schmale Fuge würde auffallen. Eine Winkelschmiege, also ein verstellbarer Winkel als Meßwerkzeug, ist hier angebracht.

als Belag für die Außentreppe.

Diese dicken Platten, besonders die Stufenplatten, können nicht mehr mit einem normalen Fliesenschneider zugeschnitten werden. Sie werden maschinell mit dem Winkelschleifer getrennt. Es gibt spezielle Trennscheiben für Stein und Diamanttrennscheiben. Die Fliese muß bei dieser Arbeit mit einer Zwinge auf einer stabilen Unterlage festgesetzt werden. Eine Schutzbrille sollte bei dieser Arbeit auf jeden Fall getragen werden.
Wenn die Vorbereitungen abgeschlossen sind, kann der Klebemörtel angemacht werden. Auch der Schnellkleber wird nur mit sauberem Wasser vermengt und mit dem Rührquirl gut durchgemischt. Die Verarbeitungszeit ist bei Schnellkleber kürzer, nämlich nur 30 Minuten. Das ist bei der Menge, die für einen Arbeitsgang angemischt wird, zu bedenken. Nach einer Reifezeit von 5 Minuten wird der Kleber nochmals kräftig durchgemischt.

Das Eckenmaß wird mit einem Blei- oder Wachsstift auf die Fliesen übertragen. Vor dem Zuschneiden Anriß kontrollieren.

Die Stufenplatten mit Schenkel lassen sich nur mit dem Winkelschleifer zuschneiden. Ein Holzbrett wird untergelegt.

Der Klebemörtel wird zuerst gleichmäßig auf der Oberfläche, dann auf dem Sockel jeweils einer Stufe aufgekämmt.

Die Trittfliesen verlegt man rechts und links von der Abwinkelung beginnend. Sie werden leicht eingeschoben und festgeklopft.

Die Sockelplatten werden genau im Fugenverlauf der Trittfliesen und des Verlegemusters in den feuchten Kleber gedrückt.

Stufenweise arbeitet man sich so vor. Die Fugenbreite zwischen Tritt- und Sockelfliesen wird mit Fugenstiften gesichert.

Verlegen mit Schnellkleber

Die Treppenfliesen werden im Mittelbettverfahren verlegt. Verwendet man Fliesen mit einer starken Rückenstruktur, müssen sie im kombinierten Verfahren verlegt werden, d. h., der Mörtel wird auch auf der Rückseite der Fliese aufgetragen. Damit werden größere Unebenheiten ausgeglichen. Das Verfahren wird auch angewendet, wenn Unebenheiten im Untergrund auszugleichen sind.
Der Kleber wird mit der 8-mm-Zahnkelle zuerst auf der untersten Stufe aufgetragen, dann auf dem Sockel. Die Kleberstege müssen gleichmäßig und voll auf der ganzen Fläche sein. Die Einlegezeit ist bei Schnellkleber kürzer, nur 15 Minuten. Man arbeitet also in kleineren Arbeitsabschnitten, da die Lage der Fliesen auch nur innerhalb dieser 15 Minuten korrigiert werden kann. Ganz besonders im Außenbereich müssen Hohlstellen im Kleberbett vermieden werden, da Wasseransammlungen unweigerlich zu Frostaufbrüchen führen würden.
Die Treppenfliesen werden in das feuchte, vollflächige Kleberbett geschoben und mit dem Gummihammer leicht angeklopft. Sie dürfen an keiner Stelle direkten Kontakt zum Untergrund haben, da das bei Druckbelastungen zum Brechen der Fliese führen würde. Zuerst werden die ganzen Fliesen verlegt, dann die Anschnittfliesen an den Ecken der Stufen.
Im Außenbereich werden die Fugen mit der Zeit vergrauen, d. h. mehr oder minder deutlich zu sehen sein. Deswegen muß beim Verlegen auf einen gleichmäßigen Fugenabstand geachtet werden. Auch die Fugentiefe ist wichtig, damit die Flächen nach dem Verfliesen gut mit Fugenmasse verfüllt werden können. Deshalb schon

während der Arbeit die Fugen von herausquellendem Kleber reinigen.
Das Verfliesen des Podestes bildet den Abschluß dieser Arbeit. Hier kann mit den großen Platten etwas zügiger gearbeitet werden. Der Fugenverlauf richtet sich hier nach den Fugen der Treppenfliesen.
Da hier mit einem Schnellkleber gearbeitet wurde, kann zwei Stunden nach dem Verlegen der letzten Fliese verfugt werden.

Was bei einer Außentreppe zu beachten ist

Auf der Treppe im Außenbereich kann es durch direkte Sonneneinstrahlung zu starken Temperaturschwankungen kommen. Es sollten deswegen möglichst keine sehr dunklen Platten verlegt werden, die sich bei Sonneneinstrahlung stärker aufheizen als helle Platten.
Liegt die Treppe zu sehr im Schatten und im Bereich von Bäumen und Büschen, kann es bei anhaltend feuchtem Wetter zur Algenbildung auf den Stufen kommen. Die Stufen werden gefährlich rutschig. Ein harter Schrubber und ein kräftiger Wasserstrahl, z. B. aus einem Hochdruckreiniger, beseitigen dieses Übel. Chemische Mittel sind nicht nötig.
Die Treppenstufen sollten wegen der Gefahr des Absplitterns keine zu scharfen Kanten haben. Am besten wählt man einen Belag, für den fertige Treppen- und Endplatten angeboten werden. Dann kann man auch ziemlich sicher sein, daß dieser Belag für die harte Beanspruchung auf einer Außentreppe geeignet ist.

Das Podest *wird zum Schluß verfliest. Der Klebemörtel wird aufgebracht, wenn alle Fliesen zugeschnitten sind.*

Die Fugenlinien *laufen auf dem Podest zusammen. Die Platten werden genau nach dem Verlegemuster der Treppe verlegt.*

Der Eingangsbereich *kann nach zwei Stunden bereits wieder betreten werden, da hier ein Schnellkleber verwendet wurde.*

Frostsicher verfugen im

***Fugenmörtel** wird für die Bodenverfugung in schlämmbarer, leicht fließfähiger Beschaffenheit angemacht.*

***Diagonal** zum Fugenverlauf muß der Fugenfüller auf dem Boden verteilt werden, damit alle Zwischenräume gefüllt werden.*

Außen- und Feuchtbereich

Fliesen sind jahrzehnte-lang haltbar und bewähren sich auch vor dem Haus und bei starker Belastung. Nur richtig verlegt und verfugt müssen sie sein.

Der Gesamteindruck des verfliesten Treppenaufganges und des Bodens wird ganz entscheidend durch die Fugen geprägt. Schon beim Verlegen muß die Fugenbreite mit der Größe der Fliesen in Einklang gebracht werden. Je größer die Fliese, desto breiter sollte die Fuge sein. Eine gleichmäßig durchgehaltene Fugenbreite versteht sich eigentlich von selbst. Eingequetschte oder zu kleine Anschnittfliesen stören das Bild.

Nach der Breite der Fuge richtet sich auch die Beschaffenheit des Fugenfüllers, denn nicht jeder Mörtel ist für jede Fugenbreite anwendbar. Die Treppe ist den Witterungseinflüssen und Temperaturschwankungen ausgesetzt. Treppe und Garage werden meistens mit einem harten Besen und dem Gartenschlauch gereinigt. Beim Garagenboden kommt noch die hohe Druckbelastung durch häufiges Anfahren und Abbremsen des Wagens hinzu. An die Qualität des Fugenfüllers werden also hohe Ansprüche gestellt. Er muß wasserundurchlässig, frostsicher, hochbelastbar und flexibel sein.

Die Frage nach der Farbe des Fugenmörtels läßt sich für den Außenbereich leicht beantworten. Ständige Verschmutzungen lassen die Fugen nach einiger Zeit sowieso grau erscheinen. Aus diesem Grunde ist ein grauer, farbpigmentfreier Fugenmörtel zu empfehlen. Das Erscheinungsbild der gefliesten Fläche ändert sich nicht wesentlich und bleibt einheitlich.

Gummischieber mit langem Stiel erleichtern das mehrfache Hin- und Herwischen. Der Füller wird vollfugig eingearbeitet.

Sockelfliesen werden mit dem Spachtel, dem Schwammbrett oder auch per Hand verfugt, um Wandverschmutzungen zu vermeiden.

Fugenmaterial wird trocken auf den Boden gestreut und nach einigen Minuten mit dem Gummischieber grob abgezogen.

Fugenmörtel leicht anziehen lassen, bis er an der Oberfläche hart geworden ist. Mit dem feuchten Schwammbrett feinreinigen.

Treppen werden mit der obersten Stufe beginnend verfugt. Mit dem Schwammbrett wird der Mörtel hohlraumfrei eingearbeitet.

Fugen werden mit trockenem Fugenmörtel abgestreut, um überschüssige Feuchtigkeit aufzunehmen.

Eine ausfüllende Arbeit

Der letzte, aber nicht der unwichtigste Arbeitsgang beim Verlegen von Fliesen ist das Verfüllen der Fugen. Es erscheint so einfach, es sind jedoch einige Punkte zu beachten, um nicht das ganze Ergebnis der Verlegearbeiten zunichte zu machen.
Mit der Arbeit kann ca. 2 – 3 Tage nach dem Verlegen der Fliesen begonnen werden. Als Werkzeuge werden Kelle, Gummischieber mit langem Stiel, Schwammbrett, Schwamm und ein weicher Lappen benötigt. Sehr zu empfehlen sind Knieschützer. Das Verfugen der Sockelleisten und die anschließende Reinigung des Bodens muß wohl oder übel auf den Knien rutschend ausgeführt werden.
Der fließfähig angerührte Mörtel wird auf den Fliesen ausgegossen und diagonal zum Fugenverlauf in die Fugen durch ständiges Hin- und Herwischen eingeschlämmt. Offenporige, saugende Beläge sind vor dem Beginn der Arbeiten vorzunässen. Die Arbeiten im Außenbereich sollten nicht bei praller Sonne ausgeführt werden, um ein zu schnelles Austrocknen der Fugen zu vermeiden. Man beginnt mit einer kleinen Fläche, um sich an die Arbeit mit diesem Material zu gewöhnen. Im weiteren Verlauf kann dann großflächiger gearbeitet werden. Bei Bodenplattierungen wird die Fläche unmittelbar nach dem Ausschlämmen mit trockenem, unangemachtem Fugenmörtel abgestreut und einige Minuten danach mit dem Gummiwischer wieder abgefegt.
Nach dem Anziehen, d. h. wenn der Fugenmörtel nicht mehr herausgerieben oder herausgewaschen werden kann, wird sofort mit der Feinreinigung des Bodens begonnen. Mit einem großen, feuchten Schwamm, der immer wieder ausgewa-

schen werden muß, werden die Flächen gereinigt. Dann noch verbleibende Schleier werden mit einem trockenen Tuch wegpoliert. In ganz hartnäckigen Fällen kann noch mit einem Zementschleierentferner nachbehandelt werden.
Da die Fugen noch nicht ganz durchtrocknet sind, müssen sie vor Regen, Frost und zu schneller Austrocknung durch Abdecken mit einer Folie geschützt werden.

Tips vom Fachmann zum farbechten Verfugen

Bei allen Fugenmörteln können leicht Farbabweichungen auftreten, die das Gesamtbild stören können. Um das zu vermeiden, sollte man folgende Hinweise beachten:
1. Die Fugenbreite sollte einheitlich sein, damit der Fugenmörtel gleichmäßig abtrocknen kann. Einheitliche Abstände erhält man, wenn man Fliesenkreuze einsetzt. 2. Um eine gleichmäßige Fugentiefe zu erreichen, müssen schon beim Verlegen Kleberreste, die sich in die Fugen gedrückt haben, mit einem Holzkeil ausgekratzt werden. 3. Nach dem Schlämmen werden die Bodenfliesen dann mit trockenem Mörtel abgestreut, um überschüssige Feuchtigkeit aufzunehmen 4. Bei farbigem Fugenmörtel besonders darauf achten, daß der Mörtel immer mit der gleichen Menge Wasser angemacht und wirklich gründlich verrührt wird.
5. Frische Fugen immer erst etwas anziehen lassen. Sie müssen an der Oberfläche leicht angetrocknet sein. Anschließend mit einem feuchten Schwamm reinigen.

Grobreinigung der gefliesten Treppe mit dem feuchten Schwammbrett, wobei das Material nochmals gut in die Fugen gedrückt wird.

Feinreinigung der gefliesten Treppe mit einem feuchten Schwamm, der während der Arbeit laufend ausgewaschen werden muß.

Keramische Beläge im Außenbereich sind dauerhaft und schön, wenn sie fachgerecht mit dem richtigen Material verlegt werden.

Wandnischen

Die Vorwandinstallation für den Waschtisch wurde als Ablage genutzt und farblich von den Wandfliesen abgesetzt. Der Fugenverlauf der Wand wurde übernommen.

und Ecken werden verfliest

Die Fliesen sind ein gestalterisches Element des Raums. Besonders Ecken, Nischen und Vorsprünge fallen ins Auge und müssen gut ausgeführt werden.

Bereits beim Aussuchen der Fliesen und bei der Planung der Flächen sollte man sich über den Fliesenverlauf und die Raumwirkung, die dadurch erzielt werden kann, im klaren sein. Danach wird sich auch Größe, Form und Farbe der Fliese richten, die man aussucht.

Eine gestrichene oder eine tapezierte Wand ist eine einheitliche Fläche. Das Besondere an einer Fliesenwand sind die im Vergleich zur Gesamtfläche kleinformatigen Fliesen. Diese Fläche wird durch die Fugen optisch unterbrochen. Das kann sehr unruhig sein, kann aber auch die Geometrie des Raums angenehm betonen. Aus diesem Grund hat der Fugenverlauf für das Gesamtbild eine große Bedeutung.

Nischen und Vorsprünge können in den seltensten Fällen an den anschließenden Flächen mit ganzen Fliesen verlegt werden. Hier müssen meistens Fliesen durch Zuschnitt in ein anderes Format gebracht werden, was zu einer ganz anderen Flächenaufteilung führen kann. Würden dann noch unterschiedlich breite Fugen durch ungenauen Zuschnitt hinzukommen, wäre das Gesamtbild empfindlich gestört.

Die Anschnittfliesen sollten in jedem Fall so verlegt werden, daß der Fugenverlauf der großen Flächen übernommen werden kann. Das wird, besonders bei Diagonalen, nicht immer möglich sein. Deswegen ist gerade bei schwierigen Arbeiten Planung das halbe Gelingen.

__Anschnittfliesen__ in der Ecke werden einzeln eingepaßt, weil die Wände nicht immer lotrecht sind. Es wird oben und unten gemessen.

__Bei Bordüren__ in Ecken und an Vorsprüngen ist nach Möglichkeit das Dekor zu berücksichtigen. Eventuell an beiden Seiten schneiden.

__Diagonal__ verlegte Fliesen werden erst zur Probe ausgelegt, um die Wirkung der Gesamtfläche betrachten zu können.

Besonders sorgfältige Arbeit ist gefragt.

Die Ecke und die diagonalen Anschnittfliesen werden zuerst verlegt, dann arbeitet man mit den ganzen Fliesen aus der Ecke heraus.

Das Kleberbett wird bei diesen schwierigen Arbeiten in kleinen Abschnitten aufgetragen. Bodenfliesen mit dem Hammer festklopfen.

Ecken, Nischen und Vorsprünge haben es in sich.

Jede Ecke und jeder Vorsprung sieht mit dem bloßen Auge gesehen gerade aus. Wenn man sich jedoch darauf verläßt und Fliesen in Serie für eine Wandnische zuschneidet, merkt man bald, daß die Formate doch nicht stimmen. Also immer nur wenige Fliesen zuschneiden und während der Arbeit neu messen. Die Arbeit ist die gleiche, nur der Verschnitt wird erheblich geringer.

Paßgenaue Feinarbeiten

Es gibt einige Faustregeln, die man beim Verfliesen von Anschlußflächen beachten sollte, um ein einheitliches, optisch ansprechendes Bild zu bekommen.
Bei einer Wandfläche arbeitet man in die Ecke hinein, d. h., man verlegt die ganzen Fliesen in der Mitte und die Anschnittfliesen rechts und links in der Ecke. Hierbei sollten die Anschnittfliesen nicht kleiner als die halbe Fliesenbreite sein. Ganz schmale Streifen lassen sich ausgesprochen schlecht zuschneiden.
Bei einer Fensternische mit einem Fenster geht man von einer Linie in der Mitte des Fensters aus. Bei zwei Fenstern orientiert man sich an der Mittellinie zwischen den beiden Fenstern und arbeitet in die Ecken hinein.
In einer Nische kann man die Anschnittfliesen in die Mitte nehmen, was sich anbietet, wenn diese Linie durch Sanitärobjekte wie Waschbecken etc. weitgehend abgedeckt wird. Ist das nicht der Fall, kann man zwei gleiche Anschnittfliesen in die Ecke setzen.
Bei Außenecken überlappt eine Fliesenreihe, die andere wird gegengeklebt. Bei Innenecken beginnt man entweder an beiden angrenzenden Flächen mit einer ganzen oder mit einer geteilten Fliese. Auf jeden Fall müssen in der Ecke gleich breite Fliesen aneinanderstoßen.
Der Sockel der Vorwandinstallation wird oben überlappend gefliest, so daß die Auflagefläche ganz abgedeckt ist. Der Fugenverlauf der Wandfläche setzt sich im Sockel fort. Eventuell sind auch hier Dehnungsfugen einzuplanen.
Haben die Fußboden- und die Wandfliesen das gleiche Format, wird der Fugenverlauf der Wandfläche übernommen.

Fliesen im Innenbereich

Nicht nur das dezente Muster im Fliesenverlauf, auch die Geometrie der Fugen bestimmt das Bild dieses Badezimmers. Am Boden wurden die Fliesen versetzt im Schiffbodenverband verlegt.

werden wasserfest verfugt.

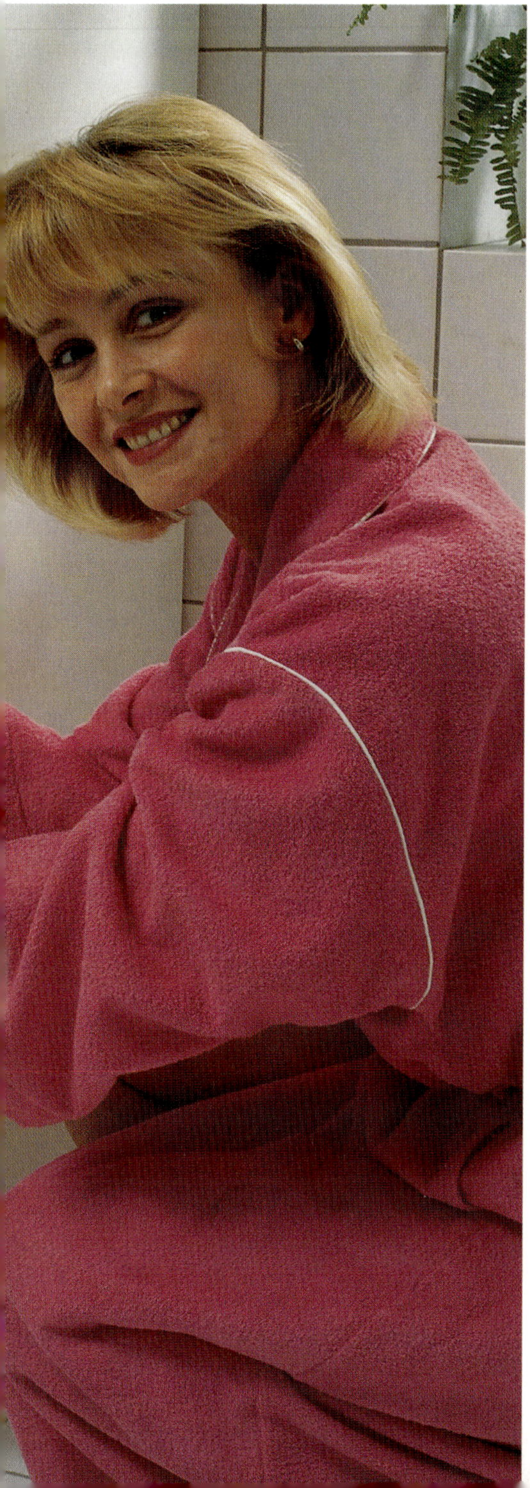

Fugen füllen nicht nur die Abstände zwischen den Fliesen aus. Weit wichtiger ist ihre wassersperrende Funktion für die verflieste Wandfläche.

Fugen in einer verfliesten Fläche erfüllen mehrere Funktionen. Sie gleichen die Maßabweichungen zwischen den einzelnen Platten aus, die je nach Qualität und Sortierung unterschiedlich groß sein können. Schon aus diesem Grund ist ein fugenloses Verlegen nicht möglich.

Bautechnisch bedingte Dehnungsfugen zwischen Bauteilen und Objekten fangen Bewegungen auf.

Das Format der Fliese wird nur durch die Fuge hervorgehoben, die in diesem Fall als gestalterisches Element bewußt eingesetzt wird. Sie werden dann manchmal breiter gewählt, als es technisch unbedingt notwendig wäre. Die Farbe des Fugenmörtels spielt bei der Optik der Gesamtfläche eine große Rolle.

In der Küche und im Badezimmer wird die Wand- und Bodenfläche durch Spritzwasser und Wasserdampf zusätzlich beansprucht, was für die Oberfläche der Fliese kein Problem ist. Durch die Fugen kann jedoch Feuchtigkeit hinter die Fliesen gelangen, wenn sie nicht fachgerecht verschlossen sind.

Die Fugen müssen eine Mindestbreite von 2 mm haben, damit der Mörtel tief eingearbeitet werden kann. Die Fugentiefe muß gleichmäßig sein, besonders wenn farbig verfugt wird, da es sonst zu Farbabweichungen kommen kann. Sind die Fugen nicht sorgfältig von Kleberresten gereinigt, haftet der Fugenmörtel nicht richtig und bröckelt mit der Zeit aus.

Die Fugen *gleich nach dem Verkleben der Fliesen mit einem Holzspachtel auskratzen. Die Fugen müssen auf der ganzen Fläche gleichmäßig tief sein.*

Die Fläche, *die in einem Arbeitsgang verfliest wurde, wird gleich mit dem feuchten Schwamm gereinigt, denn noch nicht erhärteter Kleber läßt sich leicht entfernen.*

Farbig und wassersperrend

Die Wand im Badezimmer soll farbig verfugt werden, um das rechteckige Format der Fliesen hervorzuheben. Es wird ein normaler farbiger Fugenmörtel verwendet. Zur Verbesserung der wassersperrenden Wirkung wird dem Mörtel eine Emulsion zugegeben, die mit dem Anmachwasser beigemengt wird. Diese Emulsion verbessert auch die Flexibilität des Fugenmörtels. Das ist wichtig bei Flächen, die mit Spann- oder Gipskartonplatten verkleidet wurden.
Es muß darauf geachtet werden, daß das Mischungsverhältnis immer gleich ist. Es kommt sonst zu einem farblich unterschiedlichen Fugenbild.

Die richtige Fugenbreite für Fliesen und Platten

Wenn eine Fläche mit Fliesen oder Platten verkleidet wird, entstehen zwangsläufig Fugen, die nach dem Verlegen deutlich zu sehen sind. Die Breite der Fuge sollte nicht nur nach der Größe der Fliese bestimmt werden, sondern auch nach dem Material. Es werden z. B. rustikale Spaltplatten mit breiteren Fugen verlegt. Hier einige Anhaltspunkte:
– Fliesen mit einer Kantenlänge unter 10 cm: Fuge 2 – 3 mm
– Fliesen mit über 10 cm Kantenlänge: Fuge 2 – 8 mm
– keramische Spaltplatten: mindestens 4 mm bis 10 mm
– keramische Spaltplatten ab 30 cm Kantenlänge: mindestens 10 mm
– Bodenklinkerplatten werden mit 8- bis 15-mm-Fugen verlegt.

Das Schwammbrett kommt zum Einsatz, wenn die Fliesen fein gereinigt werden. Zwischendurch muß es immer wieder ausgewaschen werden, damit sich kein Film bildet.

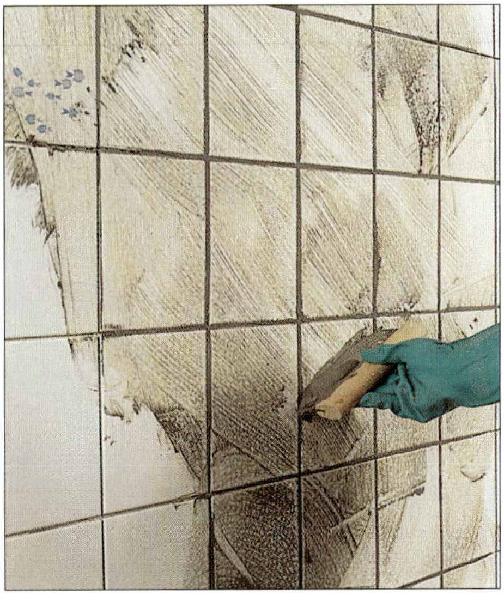

Den Fugenmörtel arbeitet man in diagonaler Richtung zum Fugenverlauf fest in die verflieste Fläche ein. Gleichzeitig wird überschüssiger Mörtel wieder abgezogen.

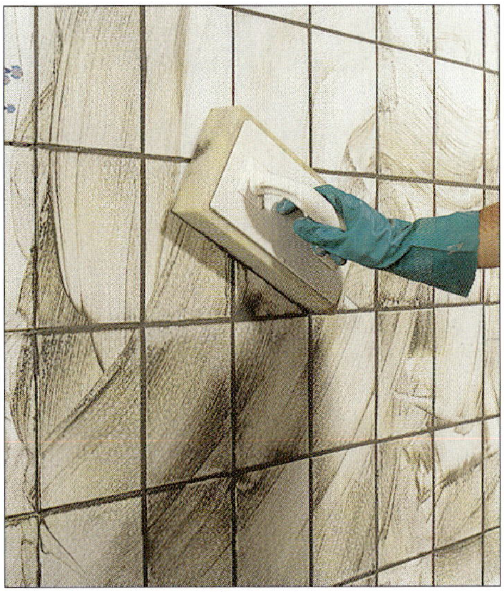

Die Feinarbeit wird wieder großflächig mit dem Schwammbrett gemacht. Mörtel wird noch einmal in die Fugen gedrückt und gleichzeitig wird grob gereinigt.

Ein Schwamm beseitigt letzte Fugenmörtelreste von den Fliesen. Auch hier wird abschnittweise gereinigt, dann kommt man mit leichtem Druck und sauberem Wasser aus.

Anschlußfugen werden

Alles ist in Bewegung. Selbst so stabil wirkende Teile wie diese Duschwanne. Sie arbeitet anders als die Wandfläche, an der sie anschließt. Die Fuge muß elastisch abgedichtet werden.

dauerelastisch abgedichtet.

Die Fliesen sind verlegt, die Fläche ist verfugt. Die Anschluß- und Dehnungsfugen können erst ganz zum Schluß geschlossen werden.

Überall dort, wo unterschiedliche Bau- und Werkstoffe miteinander verbunden werden, treten Materialspannungen auf. Bei Temperaturschwankungen ziehen sich die Stoffe zusammen oder dehnen sich aus. Stein reagiert anders als Holz, Kunststoff oder Metall. Bei Sanitärobjekten ist die Temperaturschwankung durch das heiße Wasser besonders hoch. Um diese Spannungen auszugleichen, sind Dehnungs- und Bewegungsfugen im Bauwerk vorgesehen. Und diese Fugen müssen bis zur Oberfläche der Verkleidung durchgeführt werden, d. h., sie müssen auch in der verfliesten Fläche anders, nämlich elastisch verfugt werden.

Bei der Badewanne sind diese Fugen, die man an anderen Bauteilen gar nicht wahrnimmt, deutlich zu sehen – wenn sie nicht fachgerecht ausgeführt wurden, leider allzu deutlich. Es haben sich Risse gebildet. Die eintretende Feuchtigkeit bildet Schimmelpilz. Die Fuge muß erneuert werden. Ganz gleich, ob es sich um konstruktionsbedingte Dehnungs- und Bewegungsfugen oder um Anschlußfugen an Sanitärelementen handelt, die Vorgehensweise ist in jedem Fall die gleiche, die Anforderungen an die Qualität der Ausführung auch.

Es darf keine unelastische Verbindung zwischen den Teilen mehr bestehen. Die Fugen müssen also gründlich ausgekratzt und von Klebemörtel und altem Fugenfüller befreit werden.

Fugenmassen gibt es in unterschiedlichen Gebinden, als Tube und als Kartusche. Mit einem Primer wird die Fuge vorbehandelt.

Brennspiritus entfettet die Fuge und verbessert die Haftung der Fugenmasse. Nach dem Auskratzen wird die Fläche damit gereinigt.

Die Flanken der Fuge und die angrenzende Fläche werden zur besseren Haftung des Dichtstoffs mit einem Primer vorgestrichen.

Dauerelastische **Anschlußfugen** gleichen

***Die Fugenränder** werden mit glattem Klebeband abgeklebt. Der Raum zwischen den beiden Klebebändern bestimmt die Fugenbreite.*

***Die Silikonmasse** wird aus der Kartusche in die Fuge gepreßt, so daß ein runder, gleichmäßiger Wulst entsteht.*

***Die Formung** der Fugenmasse geschieht am besten mit der Fingerkuppe. Damit die Masse nicht klebt, den Finger in Spülmittel tauchen.*

Dichtungsmasse oder Profil

Die drei Fugenflanken werden mit einem Primer vorbehandelt. Will man nicht freihändig arbeiten, klebt man die Fugenränder ab. Dann wird die Silikondichtmasse in die Fuge gedrückt und anschließend mit dem Finger geformt. Nach dem Abziehen des Klebebandes werden die Fugenränder mit der feuchten Fingerkuppe angedrückt.
Als Alternative werden Knickwinkel und Kunststoffprofile angeboten, die in die Ecken geklebt werden. Sie sind in der Anwendung zumal für Ungeübte einfacher, sind aber auch nicht so dauerhaft.

Die unterschiedliche Dicke der Fugenstränge

Kartuschen werden mit geschlossenen Spitzen geliefert, die vor dem Gebrauch abgeschnitten werden. Je nach Breite und Tiefe der Fuge kann man die Spitze so zuschneiden, daß ein dünner oder dicker Fugenstrang entsteht. Die Spitze wird in dem Winkel abgeschnitten, in dem später gearbeitet wird.

die Spannungen aus und dichten ab.

Demaskieren *nennt der Fachmann das Abziehen des Klebebandes nach dem Formen und Glätten der Fugendichtmasse.*

Knickwinkel *aus weichem Kunststoff können alternativ zur Silikonmasse eingesetzt werden. Sie sind allerdings nicht sehr dauerhaft.*

Das Kunststoffprofil *mit weichen Dichtlippen wird hier zur Abdichtung des Übergangs vom Wannenrand zur Wand eingesetzt.*

Anschlußfugen *zwischen dem Boden und der Wand, also zwischen zwei Bauteilen, müssen dauerelastisch abgedichtet werden.*

Silikonmasse *wurde in die Fuge gedrückt und wird jetzt mit Wasser angefeuchtet, damit sie sich formen läßt, ohne zu kleben.*

Gleichmäßig *und glatt sollte die Oberfläche der Fugenmasse nach dem Formen sein. Die Ränder werden nochmals leicht angedrückt.*

Eine neue Badewanne –

Man sieht dieser Badewanne nicht an, daß sie noch vor wenigen Tagen weiß und die Oberfläche durch den langen Gebrauch matt geworden war. Eine neue Wanne ohne Umbauarbeiten.

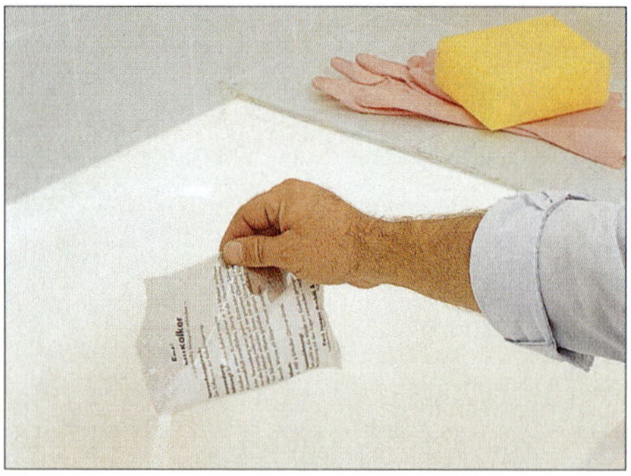

Die Oberfläche *der Wanne muß vor dem Beschichten frei von Rückständen sein. Hier wird ein Entkalker in 3 l Wasser aufgelöst.*

Das Scheuermittel *wird auf der Wannenoberfläche verteilt. Mit sehr feinem Naßschleifpapier wird angeschliffen.*

einfach mit Pinsel und Lack

Eine Emaillebadewanne geht eigentlich nie kaputt. Die Oberfläche sieht aber nach Jahren matt aus und ist verkratzt. Sie kann neu beschichtet werden.

Eine neue Badewanne einzubauen ist mit umfangreichen Baumaßnahmen verbunden. Die Badewannenumkleidung muß neu verfliest werden, die alten Fliesen sind manchmal gar nicht mehr zu bekommen. Es gibt eine gute Alternative. Die Badewanne wird neu beschichtet.
Eine normale Farbe würde allerdings nicht auf dem emaillierten Untergrund haften und würde auch nicht ausreichend durchhärten. Das System besteht aus drei Komponenten, die erst ganz kurz vor dem Verbrauch miteinander vermischt werden. Die Farbe trocknet also nicht durch Verdunstung der Lösemittel in der Farbe, sondern härtet chemisch durch. Ist sie einmal angerührt, muß sie auch innerhalb der Verarbeitungszeit von 40 Minuten verbraucht werden.
Die Wanne muß sehr gut gereinigt werden. Der Kalklöser, der mit dem System geliefert wird, wird in die mit maximal 3 l Wasser gefüllte Wanne gegeben. Durch ständiges Verteilen wirkt die Flüssigkeit auf die Oberfläche und befreit sie von den Kalkrückständen.

Die Schleifrückstände und der Scheuersand werden gut abgespült, wenn der Schleifvorgang abgeschlossen ist.

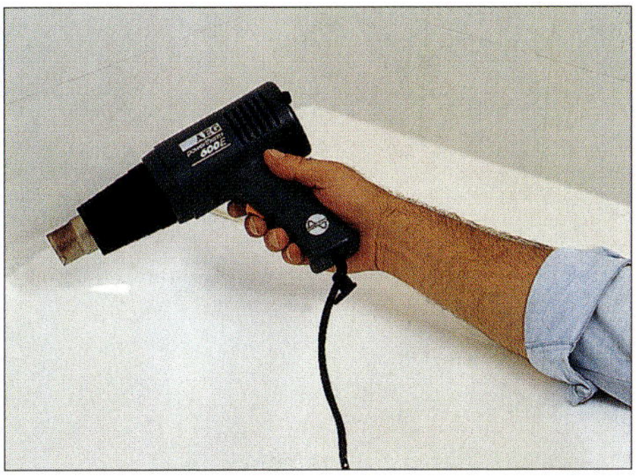

Die Wanne muß trocken sein, bevor man mit der Beschichtung beginnen kann. Die Ecken werden mit einem Heißluftgerät getrocknet.

Die Armatur wird wegen der Tropfgefahr mit einem Plastikbeutel umwickelt, die Ränder mit Klebeband abgedeckt.

Glanz und neue Farbe für die alte Wanne

Die Beschichtung besteht aus drei Komponenten. Der Lack, der Härter und der Katalysator müssen gut miteinander verrührt werden.

Der Lack wird sehr zügig mit einem Pinsel grob aufgetragen. Die Verarbeitungszeit beträgt nur 40 Minuten.

Eine kurze Verarbeitungszeit

Danach wird die Oberfläche der Wanne mit feinem Schleifpapier angeschliffen. Tiefe Kratzer und Emailleschäden können mit einem Polyesterspachtel ausgeglichen werden. Die Wanne wird gründlich gespült, und nach dem letzten Spülen werden die verchromten Deckel des Ab- und Überlaufs demontiert. Wenn die Wanne gut getrocknet ist, werden die Ränder abgeklebt und die Zulaufarmatur in Folie eingepackt.
Vor dem Streichen müssen die Wanne und der Raum absolut staubfrei sein. Textilien werden aus dem Bad entfernt. Türen und Fenster werden geschlossen. Jetzt erst wird der Dreikomponentenlack angerührt, und die Wanne wird gestrichen. Staubneutral ist die Lackoberfläche bereits nach 5 Stunden. Türen und Fenster sollten aber noch 24 Stunden geschlossen bleiben, weil Kühle und Luftfeuchtigkeit den Glanz der Beschichtung beeinträchtigen.
Die Wanne kann nach 5 Tagen wieder benutzt werden, vor dieser Zeit sollte auch kein Wasser auf die Oberfläche kommen.

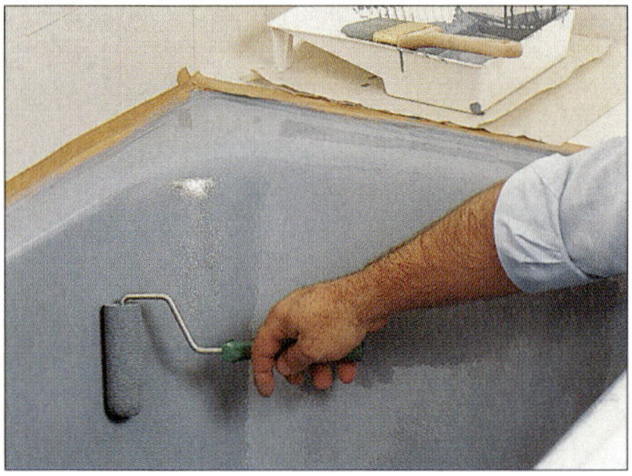

Die Farbrolle wird eingesetzt, um den Lack gleichmäßig zu verteilen. Der vordere Wannenrand wird noch frei gelassen.

Das Verschlichten der Oberfläche geschieht wieder mit dem Pinsel. Ganz zum Schluß wird der vordere Wannenrand gestrichen.

Stichwortregister

Fotografen: Ariadne Ahrens, Seite 106–108; C & D, Seite 28/29; Peter Kupper, Seite 14–17; Lugato, Seite 26/27; quick-mix, Seite 10, 20–25, 30–35, 40–96, 100–102, 105; G. P. Reichelt, Seite 7, 9; Jochen Staben, Seite 7; Petra Stange, Seite 6–9, 36–39, 103–105; Karin Vogel-Berensmann, Seite 8, 98/99; Frank Willhöft, Seite 9.
Zeichnungen: quick-mix, Seite 11, 22; Rudolf Müller Verlag, Seite 12.